대학

KB142469

"대학의 도는
자신의 밝은 덕성을
밝히는 데 있고,
백성을 자기 몸처럼
아끼는 데 있으며,
지극한 선의 경지에
머무는 데 있다."

『대학』

인문잡지 한편
2023년 1월
10호

대학

새로운 대학
서사를 쓰자

한국에서는 고등학교 졸업반 열에 일곱이 대학에 진학한다. 서울대 합격생 수를 그해의 성과로 삼는 지방 사립 고등학교를 나온 나는 아침 여덟 시부터 밤 열두 시까지 매일 열여섯 시간씩 학교에 있었다. 고3의 기억은 월별 모의고사와 월별 도서관 자리 배치표와 문제 풀이의 반복에서 수능 날 저녁 담임 선생님에게 걸려 온 전화로 끝난다. "가채점 몇 점 나왔니?"

　　나의 경험은 지금 대입을 준비하는 여느 학생과 다르지 않다. '일류 대학'이 목표인 아이들은 진짜 하고 싶은 일은 대학 간 뒤에 해도 늦지 않다는 어른들의 말에 자유 시간을 유예한다. 이 이야기의 세부는 학생의 학습 태도와 그때그때의 운, 양육자의 정보력과 사교육비에 따라 달라진다. 좋은 학군, 좋은 학교 선생님, 좋은 학원과 인강, 좋은 과외 선생님들이 6년 안팎의 시간을 촘촘히 채운다. 스카이, 인서울, 4년제 대학에 들어간 학생들이 쓰는 다음 편은 좋은 직장에 가기 위한 스펙 쌓기부터 시작된다.

남들처럼 대학에 가고 취업을 하고 결혼을 하는 것은 한국 사회에서 가장 강력하게 작동하는 청년기 서사다. 그 첫 번째 장은 마치 최종 보스를 쓰러뜨리면 승리하는 게임처럼 대학 간판이라는 결과로 승패를 가리는 듯하다. 그런데 현실의 대학 경험은 훨씬 복잡하다. 나는 대학에 못 간 것이 평생 한인 어른을, 일찌감치 대학을 자퇴하고 한 집안의 가장으로 사는 동생을, 대학에 가지 않기로 정한 누군가를 안다. 학창 시절의 기억이 저마다 다르듯 20대면 누구나 다 간다는 대학 이야기의 속사정은 수만 가지일 수밖에 없다. 권위가 무너진 대학 너머에 어른거리는 후광을 보며 나는 알고 싶었다. 오늘의 대학에서 우리가 잃은 것과 앞으로 얻을 것은 무엇인가?

진정한 배움의 공간을 찾아서

"오늘 나는 대학을 그만둔다. 아니, 거부한다!" 2010년, 고려대 경영대에 재학 중이던 김예슬이 남긴 자퇴서는 학문다운 학문이 사라진 현실을 지적하는 강렬한 문구로 톱뉴스를 차지했다. 1년 뒤 열여덟 명의 고등학생들은 "왜 대학만이 독점적으로 '학력' '자격' '지식'을 판매하고, 대학 밖에서는 다른 배움의 길을 찾기 어려운지"를 외치며 사람들 앞에 섰다. 대학 거부자들이 한입 모아 반대한 것은 진정한 배움과 멀어진 대학 시스템이다. 입시 지옥을 벗어난 학생들을 어엿한 한몫을 하는 사회인으로 키우는 대신 취업에 최적화된 평가 틀에 맞추어 양산형 인재를 찍어 낸다는 비판이었다. 학자의 길을 택한 인재는 학계에서 대학생 때 미처 짐작하지 못한 문제를 겪는다. 깊이 있는 질문과 통찰보다 논문 수로 연구 역량을 따지고, 하고 싶은 주제를 대학과 연구 재단의 입맛에 맞춰야 겨우 연구비를 노려 볼 수 있는 평가 체계에 소진된 학문 후속 세대들은 자신만의 연구 질문을 발전시킬 여유를 내지 못한다.

방송과 유튜브, 해외 사이트에서 수많은 지식 콘텐츠를 골라 접할 수 있는 지금에 와서는 지식과 진리를 생산한다는 대학의 위용도 예전 같지 않다. 신자유주의 체제의 문제를 안은 채로 혹은 일부 문제를 개선하며 대학의 기능은 분명 다양해졌다. 어떤 이는 커리어 전환을 위해 수능을 다시 치거나 파트타임 대학원에 들어가고, 누군가는 오로지 배움을 위해 원격 대학에 들어간다. 입시 결과에 떠밀려서가 아니라 나의 필요로 가는 대학은 학습 콘텐츠를 통한 배움과 무엇이 같고 다를까? 사회 속 실전 경험이 나의 욕구를 채우지 못한다면 그 이유는 무엇일까? 우리는 어떻게 좋은 대학을 판별하고 나에게 필요한 배움을 구할 수 있을까? 《한편》이 제안하는 관점은 대학을 생애 주기 속 경험으로 이해하는 것이다.

새로운 대학 서사의 시작과 끝

개인의 성장을 기다려 주지 않는 대학의 위기는 사회 문제의 변형이기도 하다. 일류 대학 서사가 지배하는 사회는 각자의 고유성보다 사회적으로 용인된 자격을 먼저 따진다. 하지만 우리는 대학에 가지 않아도 양질의 교육을 받을 권리를 원한다. 이는 몇 안 되는 동료들만 인정할 논문을 몇 년에 걸쳐 써도 괜찮은 학문의 길을 지키는 일이기도 하다. 새로운 대학 서사의 참조가 될 이번 《한편》은 사회학, 정치학, 교육학, 철학, 지역학, 과학기술학, 역사학, 국문학 등 대학 안팎에서 쓰인 열 편의 글을 꺼낸다.

대학 입시 거부 선언으로 만들어진 '투명가방끈'의 활동가 난다의 글 「학력무관의 세계를 향하여」는 학벌주의 다음의 논제를 던진다. 입시 거부 선언 이후 10년이 지난 2023년, 능력주의와 함께 합리화된 차별이 고졸 이하의 사람들을 보이지 않는 곳으로 몰아넣는다. 이런 배제의 공간에서는 학력 차별을 경험할 일조차 없다. 능력들의 줄 세우기가 당연시된 사회에서 능력을 차별의 전제가 아닌 대화의 조건으로 파악하는 한 편이다.

'대학' 호의 시작이 대학 밖에서 손 잡기를 시도한다면, 이번 호를 문 닫는 글은 대학의 경계 끝자락에서 지식 분열의 현장을 전한다. 출판노동자 유리관의 글 「아 다르고 어 다른 세상에서」속 대학 교재들은 학문의 성지에서 나온 문건이라는 것이 무색할 정도로 단어와 문단이 파괴되어 있다. 대학 출판 구조의 하청 노동자가 할 수 있는 일은 어떻게든 작업 일정을 맞추는 것뿐이다. "원래 학문과 문장은 아주 별개인가 보다." 절망한 교정공이 마주한 분열된 문장에서 어떻게 진리의 빛을 찾을까? 대학의 위기를 '아와 어가 구분되지 않는' 눈앞의 교정지에서 확인하는 이 글은 《한편》 편집부가 고투하는 현장 이야기이기도 하다.

우리가 모르는 대학 이야기

오늘의 대학을 구성하는 학부·교육 과정·시험·학위증 등의 교육 시스템은 12~13세기 중세 대학에서부터 이어진 유산이다. "대학 조직의 본질은 분명했고 흔들림 없이 세대를 이어져 내려왔다. 무려 700년 이상 그러했다. 과연 어떤 조직이 그만한 세월을 견뎌 낼 수 있었을까?"(찰스 호머 해스킨스, 『대학의 탄생』) 본질은 같지만 모습은 달라지니, 한국 대학사에서 교수와 학생들은 1980년대의 민주화 운동과 21세기 초를 전후한 대학의 기업화 국면에서 숨죽인 채 공부하거나 때로는 뜻맞는 사람끼리 거리로 나섰다.

대학생이 시대의 지성이 아니라 노동 시장의 예비 인력이길 요청받는 작금의 분위기 속에서 정치는 어디에 있는가? 포항공대 화학공학과 김종은의 글 「익명을 설득하는 학생 자치」는 학부생의 경험을 생생하게 전한다. 정당한 절차에 따라 집행한 총여학생회 반성폭력 활동가의 행사는 대학생 익명 커뮤니티 '에브리타임'의 저격 글을 시작으로 취소될 위기에 처한다. 대학 밖에서 파생된 백래시에 어떻게 맞설 것인가. 총여학생회의 대처는 학생자치의 기본을 따르는 데에서 힘을 얻는다.

같은 학부생인 서울대 철학과 우재형의 「노동문제 동아리 활동기」는 교내 청소 노동자의 인권문제를 고민하며 겪은 좌절과 희망을 전한다. 청소 노동자의 과로사라는 노동문제는 여의도 정치와 뒤섞이며 소모적인 갈등으로 치닫고 만다. 철학을 공부하는 학생으로서 학우들과 맞부딪치며 자기 이해를 갱신해 가는 그의 여정은 대학의 공부를 세상의 문제에 적용하는 솔직한 탐구 사례다.

한편 교육학자 신하영의 「혼란스러운 강의실 만들기」는 교수자의 입장을 전한다. 사회 평론이나 통계 자료가 아닌 대학 강의실에서 만난 '요즘 학생'들은 어느 세대보다 자기 의견이 확실하지만 정작 공인된 배움의 장소에서는 그 생각을 입 밖에 내지 않는다. 신하영이 관철하는 교육 철학은 다른 세계를 향한 반발감을 표현하며 상대의 입장도 들어 보는 연습 자체에 교육적 의미가 있다는 것이다. 학생의 배움은 앞으로를 살아갈 단단한 자산이 된다는 점에서, 현장을 확인하는 교수자의 배움은 연구의 확장으로 이어진다는 점에서 대학을 살린다. 우리가 몰랐던 지금 대학의 역동성을 전하는 세 편이다.

학계 연구자의 사정

그런데 학자가 생산한 지식에 대한 세간의 평가는 더욱 혹독하다. 학계로 들어오는 연구개발 비용 상당수는 상경·이공계로 쏠리고, 인문학과 기초과학 전공 연구자들은 학술적 정체성을 위협받는 상황에 처한다. 일본의 문화연구자 요시미 슌야는 긴 역사 속에서 인문학의 쓸모를 찾을 수 있다고 말한다. 문과의 지식은 사회적으로 중요한 가치의 변화를 예견하거나 선도하는 면에서 오랫동안 도움이 되어 왔다는 주장이다(『문계 학부 폐지의 충격』). 요점은 쓸모의 압박 속에서도 쓸모 자체를 거부하기보다 다른 쓸모를 발견하는 문제 설정이 긴요하다는 데 있다.

동아시아 정치사상사 연구자 소진형의 「'실용적인 학문'의 성립 사정」은 예수회가 동아시아에 처음 서양 학문과 학제를 소개하던 17세기의 상황을 살핀다. 동아시아 지식인들은 서양의 천문학과 기하학이 실용적이라는 데 동의하면서도 진실된 학문이 될 수 있는지에 대해서는 의문을 표한다. 이는 과학기술에 대한 오늘날의 우려와도 통하니, 독자는 이 글과 함께 실용의 의미를 다시 생각해 볼 수 있겠다.

　문제 해결이 학문의 목표인 이공계 학과는 연구 과정에 답하는 과정 자체가 쓸모를 가진다고들 한다. 하지만 이때의 쓸모는 무엇을 위한 것일까? 과학기술학 연구자 유상운의 「탐구는 어디에서 일어나는가」는 '교육중심대학에서 연구중심대학으로'라는 2000년대 초반의 표어에서 출발해 오늘날 '산학연'으로 한 몸이 된 혁신 지향형 대학 연구실의 과거를 파고든다. 이공계 대학은 국가와 기업의 필요에 부응하는 구조에서 쓸모를 입증할 활로를 찾았다. 활력 넘치는 시장과의 교류가 아닌 매끄러운 실험실에서 만들어진 진리의 성격을 되물어 보자는 제안은 직업 현장에서 학계와 협업하는 많은 사람들에게 생각거리를 던진다.

대학은 사라지지 않는다

스무 살 신입생의 수가 줄고 심도 있는 학술적 논의가 특정 국가로 쏠리는 현실에서 대학의 미래는 밝지 않다. 대학의 일을 업으로 삼던 사람들이 일자리를 잃고 우리나라의 사정에 맞는 지식에 접속하는 일은 더욱 어려워질 것이다. 《한편》이 만난 대학 안팎의 사람들은 자신이 처한 현실에서 대학의 위기라는 거대한 벽에 균열을 내려 했다. 옥천신문 대표 황민호는 체제로서의 대학이 아닌 생활세계의 문제를 해결하는 지역의 학교를 지향한다. 안남 어머니학교와 옥천저널리즘스쿨의 이야기를 전하는 「졸업하기 싫은 학교」는 공동체의 문제에 관여하는 배움이라는 대안을 꾀한다. 지역민의 학교가 낳는 활력이 지역을 지속가능하게 하는 동력이라면, 인문사회과학 학계를 유지하는 실천은 학자가 발굴한 지식을 나누는 데에서 출발한다. 「대학 안팎에서의 역사학」에서 역사가 현수진은 전문성을 바탕으로 한 팟캐스트 콘텐츠를 제작하며 엄격한 학문 세계에 소통의 틈을 만든 경험을 나눈다. "과거의 일을 서술하되 서술자가 창작하지 않는다."라는 공자의 원칙을 고수하는 이야기는 독자에게 역사 소비를 넘어 생산에 참여하는 즐거운 길을 알려 준다.

대학을 둘러싼 열 편의 글 중 문화연구자 신현아의 「대학이 해방구가 될 때」는 대학을 향한 선명한 감정을 드러낸다. 대학을 너무 사랑해 대학원에 진학한 그는 학계의 일원이자 대학을 유지하는 노동자가 되며 오랜 매혹의 주술에서 벗어나지만, 대학이 누군가의 해방구가 될 수 있다는 믿음만은 잃지 않는다. 대학 강사가, 청소 노동자가, 학생이 사라진 대학이 곧 없어질 것이라 서슴없이 말하는 사람들 사이에서 그는 대학에 '우리'라는 공동체가 살아 있다고 소리 높여 말한다.

나의 속사정에 직면하면서

대학의 미래 진단과 거리를 두고 이번 《한편》은 대학 안팎에서 벌어지는 지금의 일을 전하려 했다. 옛날이든 지금이든 아예 없었던 일이든, 자신의 대학 이야기에 비추어 당신이 가장 가깝게 느끼거나 거리감이 드는 글을 따져 보면 좋겠다. 내가 몰랐던 대학 이야기를 들으며 새로운 서사를 함께 쓸 수도 있다.

하고 싶은 공부를 맘껏 하며 만족스러운 대학 생활을 보낸 나는 대학원에 가 처음으로 인생의 쓴맛을 보았다. 대학의 권위를 등에 업은 교수와의 갈등 상황은 상식과 논리만으로 학계 문제에 접근할 수 없다는 사실을 누차 확인하는 과정이었다.

  그동안의 공부를 가짜로 여기고 유령처럼 대학 언저리를 맴돌던 내가 세상과 다시 연결된 것은 일 덕분이다. 번듯한 성과를 인정받는 연구자가 아니더라도 내 나름으로 쌓아 온 전문성을 발휘할 수 있다는 자신감이 생겼을 때 비로소 몇 년 전의 실패가 실패로 끝난 일이 아니었음을, 나의 좌절 역시 세상에 드러나지 않은 많은 이야기 중 하나였음을 온전히 받아들이게 되었다. 일류 대학 서사를 충실히 따른 나는 좋은 성적과 좋은 학벌과 진리 추구라는 가치를 마땅히 따라야 할 무언가로 여겼다. 학문의 활로가 끊겼을 때 느낀 외로움을 다른 방식으로 풀지 못했던 것은 공부의 동기를 찾지 못했기 때문이기도 하다. 이제 독자의 반응을 얻는 기자로,《한편》에 글을 쓰는 연구자로,『신비롭지 않은 여자들』을 만드는 편집자로 일하는 나는 더는 다른 사람이 짜 놓은 길을 따라가지 않는다.

  생애 주기상 대학 진학을 당연한 일로 여기는 우리 사회에서 누구나 대학에 대해 할 말이 있다는 생각으로 이번 주제를 던진다. 독자들이《한편》을 아직 해소되지 않은 이야기를 꺼낼 출발점으로 삼아 주길 바란다.

맹미선(편집자)

새로운 대학 서사를 쓰자   15

일러두기

[1] 저자의 주는 각주로 표시했고 참고 문헌은 권말에 모았다. 외래어 표기는 국립국어원의 외래어 표기법을 따랐으며 일부 관례로 굳어진 것은 예외로 두었다.

[2] 단행본은 『 』로, 논문, 기사, 영화 등 개별 작품은 「 」로, 잡지 등 연속간행물은 《 》로 표시했다.

학력무관의
세계를 향하여

난다

난다   청소년인권운동연대 '지음'에서 활동하는 청소년인권활동가
이자 '투명가방끈' 활동가. 『우리는 대학을 거부한다』, 『대학거부 그후』
등을 함께 썼다. 모든 사람이 인생의 모든 시기에서 차별받지 않고, 있
는 그대로의 모습으로 존엄하게 살아가는 세상을 꿈꾼다.

[주요어] #대학입시거부 #능력주의 #학력무관의세계
[분류] 사회학 > 교육 문제

"나는 우리 사회 전체가 학력 무관의
세계가 되어야 한다고 믿는다.
각자가 가진 능력들의 차이가
차별의 조건이 아니라
서로 다른 이들이 기대고 소통하는
힘이 되는 사회다.
경쟁이 아니라
실질적 필요와 보람을 위해
공부하고 배울 것이고, 이는 시험과
학교에 얽매이지 않을 것이다."

"시험이 끝나면 학생들은 성적을 비교하며 더 높은 등급을 받은 학생에게 찾아가 '내가 네 방석이 될게!'라고 외치며 엎드리는 시늉을 합니다. 자신을 '방석'이라고 말하며 깔리는 시늉을 한다는 게 다시 생각해 보면 충격적인 모습입니다. 누군가를 짓밟고 찾는 행복이 정말 참된 행복일지 잘 모르겠습니다."

2022년 11월 17일, 50만 8000여 명의 수험생들이 수능을 치르는 동안 수험장 밖에서 한 청소년은 이렇게 말했다. 대학과 입시 밖의 삶을 이야기하는 '오픈 마이크 데이' 행사 자리였다.[1] 한국 사회가 온통 수능

[1] 「"대학 밖에서 손을 잡자" 대학 안 가는 청소년들이 맞는 수능」, 《경향신문》, 2022년 11월 11일.

이야기를 하는 시기, 수능을 보지 않거나 대학에 진학하지 않는 사람들을 지우는 사회에 맞서 투명가방끈은 대학 비진학자 가시화 주간을 선포하고 캠페인을 진행했다.

투명가방끈은 2011년 당시 열아홉 살이던 청소년들의 대학 입시 거부 선언을 통해 만들어진 단체다. 나는 2008년에 고등학교를 자퇴하면서 활동을 본격적으로 시작했다. 내신 등급을 기준으로 자리가 배치되고 시험 점수가 떨어진 만큼 같은 반 학생들 앞에서 회초리로 손바닥을 맞았던 고등학교 시절, 자퇴 상담을 할 때 담임 교사는 말했다. "지금 이렇게 학교 그만두면 나중에 배추 장사나 한다." 2022년 청소년의 발언에서 알 수 있듯 그로부터 10여 년이 지난 한국 사회에서도 대학의 의미는 크게 달라지지 않았다. 여전히 "지금 공부하면 남편의 직업이 바뀌고 아내의 얼굴이 바뀐다.", "네 성적에 잠이 오냐?", "2호선을 타자!" 따위의 급훈이 이슈가 되고 매년 겨울 '수능 대박'을 기원하는 메시지와 현수막들이 내걸린다.

여전한 경쟁과 학벌주의

2021년에 10주년을 맞은 투명가방끈은 교육 정책과 대학 진학률, 대학을 둘러싼 사회 분위기 등을 살피며 그동안 변한 것과 변하지 않은 것을 짚어 보았다.

달라진 점도 많았지만 여전히 바뀌지 않은 점도 많았다. 예를 들어 교육부의 통계에 따르면 2020년 기준 고졸자 중 대학 진학 희망자와 재수생 등을 포함한 자원자 수는 47만여 명이고 대학 모집 정원은 48만 5318명이다. 말하자면 진학 희망자 모두가 대학에 가는 게 가능해진 것이다. 하지만 입시 경쟁 교육은 해소되지 않았다. 오히려 입학 전형이 다양해진 만큼 치러야 할 경쟁도, 갖춰야 할 스펙도 더 복잡다단해진 현실을 확인했다. 이는 지금 우리 사회 교육의 목표가 '더 좋은 대학에 진학하는 것'이기 때문이다. 서열화와 경쟁이라는 근본 틀이 그대로인 탓에, 일명 지하철 2호선으로 대표되는 '인서울-명문대' 진학이 더욱 중시되면서 "지방대 나올 바에야 대학 안 가는 게 낫다."라는 말까지 나오고 있는 현실이다.

코로나19가 한창 유행했던 2020년에도 한국의

공교육은 평가와 시험에서 벗어나지 못했다. 등교가 미뤄지고 온라인 수업을 확대할 때도 어떻게든 수업 진도를 나가야 했고, 시험 성적으로 나타나는 '학력 격차'가 고민거리가 되었다. 수업 일수를 줄인다면 교육 과정이나 내용은 어떻게 바뀌어야 하는지를 논의하기 이전에 그 조치가 수능 시험에서 고3 학생과 재수생 중 누구에게 유리하게 작용하느냐 하는 논란이 먼저였다. 2020년 6월 오프라인 등교를 다시 시작했을 때 가장 먼저 학교에 나올 수 있었던 건 '입시'를 앞둔 중학교 3학년, 고등학교 3학년 학생들이었다.

우리가 저항해 온 능력주의

좀처럼 변하지 않는 교육과 사회에 대한 저항은 한국 사회의 주요 화두인 능력주의와 연결되어 있다.

　　대학 거부를 선언하면서 나는 여러 반응을 접했다. 투명가방끈의 활동에 그나마 긍정적인 반응을 보인 사람들은 '이제는 구시대적인 시험 성적, 대학 간판 말고 진짜 능력과 창의력이 중요하다'고 말했다. 그럴 때면 의문이 들었다. 우리의 주장이 성적 말고 다른 기준으로 평가하자는 거였나? 창의성을 발휘할 테니 입시 말고 다른 기회를 달라는 말은 아닌데? 한편 인터넷 기사 댓글 창에는 '공부 못하니까 저러지', '수능 1등급 받고 거부한다고 하면 인정해 줄게' 같은 댓글이 달렸다.

학력 말고 진짜 능력을 보자는 말과 공부 못하면 목소리 내지 말라는 말. 이 둘에 담긴 사고방식은 사실 비슷하다. 한쪽에서는 시험 성적으로 노력과 능력을 증명하고 나서야 현실을 비판할 자격을 인정해 주겠다 하고, 다른 한쪽에서는 성적 말고 다른 능력, 창의성이나 재능을 인정해 달라는 요구로 우리의 비판을 받아들이고 있었다. '능력 있는' 사람들만이 인정받고 성공할 수 있다는 생각은 양쪽 모두에 당연하게 깔려 있었다.

과거에 능력주의는 학력 차별과 학벌주의에 대한 대안으로 제시되었다. 시대에 뒤떨어진 시험을 통한 평가와 출신 학교에 의한 서열화가 개개인의 능력을 정확하게 파악하지 못한다는 비판이었다. 10대 시기 단기간의 학업 성취와 불과 몇 차례 시험의 성적으로 서열이 결정되는 학력 차별에 비해 능력주의는 더 지속적인 경쟁의 기회를 제공하는 듯 보이기도 한다. 학력 차별과 학벌주의가 작동하는 방식 중에 학연에 의한 패거리 문화와 특정 대학 출신들끼리의 특혜도 있었기에 능력주의는 더욱 학벌주의의 반대말이자 합리적인 대안처럼 인식되었다. 이런 인식 때문에 우리가 입시 경쟁과 학력 차별을 비판했을 때 많은 사람들이 "그래, 학력이 아닌 능력을 봐야지."라고 대답했던 게 아닐까 싶다.

그러나 학력 차별은 능력주의에 기반한 것이다. 학력 차별의 출발점인, 모든 사람을 같은 교육과정 아래 두고 시험으로 능력을 평가해서 경쟁시키는 교육제도는 능력주의의 실현을 목표로 삼고 있다. 능력에 따른 차별은 공정하고 바람직하다는 능력주의의 원리가 학교와 시험, 대학 체제와 결합해 구체화된 것이 바로 학력 차별이고 학벌주의다. 교육학자 이경숙의 지적처럼 "또래 거의 전부의 인지적 능력을 일괄적으로 비교해서 점수와 등급을 부여하는"[2] 수능 시험과 대학 입시의 과정을 거쳐 갖게 되는 대학 학벌은 불완전하게나마 능력주의를 실체화시키는 사회적 경험이다.

[2] 이경숙, 『시험국민의 탄생』(푸른역사, 2017), 121쪽.

사회학자 김동춘은 학력·학벌주의는 능력주의의 일종
이라고 정리하며 이를 "'순위를 매기는 시험'이 학력이
나 능력을 제대로 평가할 수 있는 가장 객관적인 지표
라고 보는"[3] 시험능력주의라고 명명했다.

한국 사회에서 능력주의와 학력 차별이 다르지 않
다는 사실은 학력 차별을 금지하려는 움직임이 일자
곧장 드러났다. 정부가 공공기관 블라인드 채용을 도
입하려 하자 '시험 성적이야말로 가장 객관적이고 공정
하게 능력을 보는 것'이며, '열심히 공부한 결과로 대학
에 진학했는데 학력을 안 보는 것은 불공정하다'는 반
대 여론이 일어났다. 2021년 국회에서 차별금지법안이
논의될 때 교육부는 학력이 개인의 선택과 노력에 따
라 달라지고 능력을 측정할 수 있는 지표라며 학력을
차별 금지 사유에서 제외하자는 의견을 제출한 바 있
다.[4] 그러므로 능력주의 자체를 극복하지 않고서는
학력 차별도 해결될 수 없다. 비효율적인 시험 문제 풀
이가 아닌 다른 것을 기준으로 삼자고 해 봤자, 능력에

[3] 김동춘, 『시험능력주의』(창비, 2022), 23쪽.
[4] 「학력 차별은 합리적? '차별금지법'에서 '학력' 빼자는 교육부」, 《한
겨레》, 2021년 6월 27일.

따른 서열과 차별이 여전하다면 우리는 그저 다른 방식의 경쟁에 내몰리게 될 뿐이다. 봉사활동과 여행 경험도 '스펙'이 되는 현실은 이미 그런 양상을 보여 주고 있다.

투명가방끈이 거부하는 대학은 대학교라는 교육기관 자체라기보다 능력주의 체제 속에서 개인의 능력을 입증한다고 여겨지는 학력의 표지인 대학이다. 입시 경쟁의 괴로움과 학력 차별의 부당함을 꺼내 놓는 데서 출발한 활동이 이제는 '노력과 능력의 차이에 따른 공정한 차별'이라는 상식에 도전해야만 한다는 결론에 이르렀다.

대학을 거부한다는 선언도, 능력주의를 비판하는 주장도 많은 이들에게 선뜻 받아들여지지 않는다. 어쨌든 모두가 능력을 갖추기 위해 노력하는 것은 좋은 일 아닌가 하는 의아함을 보이기도 한다. 하지만 능력주의는 단순히 뛰어난 것이 좋다거나 개개인이 역량을 향상시켜야 한다는 믿음과는 다르다. 능력주의는 능력을 측정해 사람을 서열화하며 차별하는 사회적 제도이자 이를 공정하다고 정당화하는 이데올로기다. 다양한 능력의 차이를 두고 협력하고 공존해야 할 이유가 아니라 차별의 이유로 만들기 때문에 우리를 불행하게 한다. 대학을 거부하고 능력주의에 반대하는 나는 교육과 배움을 거부하거나 무능을 지향하지 않는다. 나는 경쟁과 차별에서 해방된 교육을 요구하고 대학 등 학교에만 갇히지 않는 배움을 추구한다. 다양한 능력이 평등하게 존중받으며 발휘되고, 특정한 능력의 부족이나 약함이 차별의 이유가 되지 않는 사회를 꿈꾼다.

잘 보이지 않는 학력무관의 세계

가방끈 길이로 사람을 평가하고 비진학자와 비대졸자의 존재는 가리는 사회의 질서는 견고했다.

　　강사 이력서에 학력을 기입하기를 거부했을 때 나는 "그럼 전공이라도 써 주세요."라며 대졸자인 것을 당연시하는 말을 들었다. 다른 대학거부자는 '학력무관'이라고 적혀 있는 구직 공고에 연락하자 대학은 나왔어야 한다는 답을 들었다. 이때 학력무관이란 대학을 안 나온 사람은 아예 떠올리지조차 않는 배제의 의

미였다.

　대학 비진학자, 비대졸자로 살면서 내가 마주하게 된 또 다른 '학력무관'의 삶도 있다. 우리 사회에는 학력이 그리 중요치 않은 일자리, 출신 학교를 따지지 않는 분야가 분명히 존재한다. 그런데 이런 영역은 역설적으로 학력에 따른 철저한 차별과 배제가 한차례 이루어진 결과다. 몇 년 전 일터에서 겪은 학력 차별을 주제로 이야기를 나눴는데, 대학 거부 이후 작은 회사에 취직한 한 회원은 '내가 있는 곳은 거의 다 고졸 사원'이라며 일터에서 학력 차별을 별로 경험한 적이 없다고 했다.

　대학을 가지 않거나 중퇴한 사람들을 대상으로 진행한 '학력 학벌 차별 사례조사'에서도 비슷한 이야기를 들었다. '대부분 대졸 이상이라는 조건을 두고 있어서 지원조차 하지 못했다'는 사례도 있고 '같은 일을 하는데 대졸자는 정규직으로 직접 채용하고, 대졸자가 아닌 경우에는 하청 업체 비정규직으로 간접 채용했다'는 사례도 있었다. 구직을 할 때부터 대졸 미만의 학력을 가진 사람이 지원할 수 있는 일자리와 대학 졸업자들이 갈 수 있는 일자리가 뚜렷하게 나뉘어 있고, 일터에 비슷한 사람들이 모이게 된다는 것을 보여 준다.

눈에 보이는 세계에서는 출신 대학과 대학원, 학위 등을 따지고 세세하게 줄 세우는 경쟁을 통해 대기업 정규직이나 전문직이 될 수 있다. 그 세계에서 배제된 사람들은 비정규직으로, 근로기준법도 일부만 적용되는 소규모 사업장에서, 불안정한 노동을 하며 살아가게 된다.

대학 밖에서 손을 잡자

나와 비슷한 처지의 사람들을 만나기가 점점 쉽지 않다. 약한 사람들, 밀려난 사람들일수록 불안정한 환경에 살기에 시간도 없고 과로하느라 몸과 마음이 튼튼하지 못할 때가 많다.

그럼에도 불안하고 불행한 오늘과 내일을 바꾸기 위해 우리는 더 많은 사람들과 손을 잡는 수밖에 없다. 요즘 투명가방끈은 다양한 계기와 이유로 '탈학교'를 선택(당)한 청소년, 대학을 그만둔 사람 등 대학 바깥의 사람들을 비롯해 지방대에 다니는 학생, 학력과 학벌에서 벗어나려는 사람 등 능력주의 질서 바깥의 사람들과 연결될 방법을 고민하고 있다.

많은 이들이 겪는 문제이지만 그중에서도 대학 밖의 이들이 특히 더 부딪히는 주거 문제를 덜어 보기 위해 시작한 일이 있다. 투명가방끈 사회주택팀에서 발전한 '다다다 협동조합' 활동이다. 비진학자들에게 안정적인 주거 환경을 보장하고 이들의 사회적 고립을 해소하려는 시도로 다다다 협동조합은 서울 구로지역에서 'DA(다)같이 사는 집'이라는 이름의 1호 주택을 운영하고 있다. 기존의 주거 정책의 대상이 주로 대학생, 사회초년생, 신혼부부라면 이 집의 주요 입주민은 보편적 생애주기에서 벗어난 대학 비진학자, 탈학교·탈가정 청소년이다. 주거 같은 삶의 문제를 협력해 해결하며 보이지 않는 차별에 목소리를 내는 활동에 학력 차별, 능력주의를 극복할 실마리가 있다.

나 혼자의 힘으로, 자기만 성공해서 살아남는 게 중요한 세상은 경쟁에서 이긴 사람에게도, 탈락한 사람에게도 살기 힘든 곳이다. 나는 우리 사회 전체가 학력무관의 세계가 되어야 한다고 믿는다. 차별과 배제의 결과로 만들어지는 '보이지 않는 학력무관의 세계'가 아니라 말 그대로 학력이 중요하지 않은 사회, 각자가 가진 능력들의 차이가 차별의 조건이 아니라 서로 다른 이들이 기대고 소통하는 힘이 되는 사회. 능력은 우리가 맺고 있는 관계와 사회적 기반 위에서만 발휘될 수 있기에, 우리는 함께 능력을 구성하고 실현함으로써 더 효과적으로 문제를 해결하고 책임을 공유할 수 있다. 경쟁이 아니라 실질적 필요와 보람을 위해 공부하고 배울 것이고, 그 배움은 시험과 학교에 얽매이지 않을 것이다.

나는 대학을 거부하고 우리 사회의 차별과 불평등에 저항하는 비판적 담론을 접하며 스스로를 긍정하고 다른 이들의 다양한 모습을 존중하는 법을 배웠다. 학교에서는 배우지 못한 것이었다. 경쟁과 차별, 능력주의에서 벗어나고 나니 능력이란 무엇이든 끊임없이 개발해야 하는 것이 아니라 마치 기질이나 성격과도 같은 개성이나 특징처럼 느껴진다.

나는 남들보다 더 나은 존재가 되기 위해, 무언가를 더 가지기 위해 애쓰지 않아도 괜찮다는 걸, 있는 그대로의 나로 살아도 덜 불안하고 덜 외로울 수 있다는 걸 안다. 함께할 때 강해진다는 것도 배웠다. 대학 바깥에서 함께 활동하며 맺은 관계들이 있기에 얻을 수 있었던 배움이다. "대학 밖에서 손을 잡자."라는 제안이 나에게 그랬듯 더 많은 이들에게 의미 있는 구호로 가 닿길 바란다. 서로에게 기댈 곳이 되어 줄 우정과 연대의 힘을 더 믿어 보고 싶다.

익명을
설득하는
학생 자치

김중은

김종은 포항공대 제33대 총여학생회 '비상' 회장. 포항공대 화학공학과에 재학 중이며 총여학생회와 신문사 등 교내 자치 단체에서 활발하게 활동했다. 페미니즘을 비롯한 다양한 정치·사회 활동에 관심이 있다.

[주요어] #학생자치활동 #총여학생회 #대표
[분류] 정치학 > 정치 비평

"익명 커뮤니티의 신상 털기와
인신공격으로 인해
남은 사람은 다섯 명.
우리는 학생들을
설득해 보자고 뜻을 모았다."

포항공과대학교(이하 포스텍)는 과학기술 연구와 교육에 특화된 대학으로 재학생 규모와 성비 구성 면에서 종합 대학과 차이가 크다. 한 해 입학생이 300명 남짓이라 전체 학부생 수가 종합대의 한 해 입학생 수만큼도 안 될 정도로 적은데, 여학생 비율은 전체의 5분의 1에 불과해 한두 해만 다녀도 누가 누구인지 바로 알 수 있을 정도다. 해가 지날수록 여학생 비율이 개선되고 있기는 하나 절반을 차지하기란 요원하다.

　적은 여학생 수에 더해 학생 자치에 대한 관심도 미미하기에 학내 구성원 중에서도 포스텍에 총여학생회가 남아 있다는 사실을 아는 이는 많지 않다. 코로나 팬데믹 직전에 학교에 입학했던 나 또한 입학 후 일 년이 지나도록 총여학생회의 존재를 몰랐다. 친구의 권유로 들어간 총여학생회는 학생들의 무관심 속에서 간신히 명맥을 이어 가는 중이었다. 내가 총여학생회장이 된 과정도 대단하지 않다. 비장한 각오나 결의 따위는 없었고, 그저 할 사람이 없다니 해야겠다 싶었다.

　　총여학생회장으로 활동한 2021년은 팬데믹이 발발한 지 2년째 되는 해였다. 비대면 상황에서 활동을 중단했던 많은 학생 단체가 운영을 재개한 때이기도 하다. 나는 일단 단체장이라는 직함을 달았으니 총여학생회가 실질적인 단체로 기능할 수 있도록 비대면이라는 특성을 최대한 활용해야겠다고 생각했다. 웹사이트 '소라넷' 폐지 운동을 주도한 하예나 활동가 초청 강연을 개최하려 한 것은 이러한 계획의 일환이었다.[1] 온라인 강연 진행이 보편화되면서 그간 교통비와 숙박비 등 비용 문제로 섭외하기 어려웠던 외부 연사를 초청해 행사를 마련하기가 한결 수월해졌기 때문이다.

[1]　소라넷은 불법 촬영물 공유와 강간 모의 등이 이뤄지던 성 착취 사이트다. 하예나 활동가는 디지털 성범죄 근절에 앞장선 공로를 인정받아 2018년 BBC 선정 올해의 여성 100인에 이름을 올렸고, 보신각 제야의 종 타종자로 선정되기도 했다.

김종은

존재 증명을 요구받는
오늘날의 총여학생회

1980년대에 주로 생겨난 전국 대학의 총여학생회는 대학의 남성 중심 문화에 반대하며 대학 내 반성폭력 운동의 거점이 되었다. 이후 학생 운동의 열기가 사그라들고 총학생회를 중심으로 한 학생 자치가 정치와 거리를 두면서 총여학생회의 의의는 여학생을 위한 복지 단체로 변모했다. 여학생을 위한 정치 의제하에 결집하기보다 학생들을 위한 일종의 민원 창구로 행사 준비, 운영 등 좁은 의미의 복지를 맡게 된 것이다. 학생 자치의 의미 전반이 변화한 흐름 속에서 이는 당연한 수순이었다.[2]

등록금, 진로, 주거 빈곤, 취업 등 대학생이 맞닥뜨리는 문제가 개인의 능력에 따른 문제로 치부되고 있고, 학생 자치 단체들은 정치 의제로 뭉칠 동력을 잃었다. 그러나 문제를 외면하고만 있어서야 상황은 악화하기만 할 뿐이다. 누군가 학생의 권익을 대변해 줄 때

[2] 원혜빈, 「1980년대 '여학생'의 문화정치」,《여성문학연구》제48호 (한국여성문학학회, 2019).

까지 기다릴 것이 아니라 스스로 권리를 주장하고, 정치 제도와 과정에 목소리를 내야만 한다. 이러한 일반 시민의 정치 참여는 민주주의의 기반이다.[3]

자치의 기본은 대표를 뽑고 중립적인 공론의 장을 마련하는 것이다. 집단의 문제를 해결하고 상황을 개선하려면 대표라는 존재가 반드시 있어야 한다. 대표자 없는 집단의 의견은 좋게 말하자면 대중의 의견, 나쁘게 보면 익명의 불평불만 정도로 치부될 뿐이며 무게를 갖기 어렵다. 공론의 장은 참여자들이 문제에 대한 배경지식을 갖춘 상태에서 찬성과 반대 측의 의견을 모두 들어본 후 비로소 결정을 내리는 공간이라는 점에서 문제 해결을 위한 기초를 이룬다.

대학 생활이 스펙 쌓기의 장으로 통하는 오늘날 이러한 학생 자치 활동은 스펙이 되기 어렵다는 바로 그 이유로 쉽게 외면받는다. 많은 학생이 학생 자치라는 단어에 긍정적이지만 추가로 노력을 들여야 하는 활동은 시간 낭비로 여긴다. 최근에는 대학 내 많은 학생 단체들이 보궐 선거를 반복하고 있고, 어쩌다 선거

[3] 김주형, 「시민정치와 민주주의」, 《한국정치학회보》 제50집 제5호 (한국정치학회, 2016).

김종은

가 진행되더라도 단일 후보인 경우가 잦다. 대표도, 공론의 장도 존재하지 않는 지금의 대학에서 당사자가 목소리를 내기 어려운 것은 당연해 보인다.

한편 이때까지 존립해 온 총여학생회는 '페미니즘 리부트' 이후 그 어떤 단체보다 빠르게 다시금 정치의 장에 들어서야 하는 과제에 맞부딪쳤다. 페미니즘에 대한 격렬한 반발과 함께 여성 차별 자체가 존재하지 않는다고 주장하는 사람들에게 총여학생회는 대학에 실존하는 여성 차별과 이를 해결하기 위한 단체의 필요성 양자를 증명해야 한다. 페미니즘을 언급하지 않고 여성 차별을 논하는 것이 불가능한 와중에, 페미니즘이 정치 의제와 결합함에 따라 총여학생회는 정치 조직으로서의 행보 하나하나를 검열받고 있다.

익명으로 가해진 공격

총여학생회의 온라인 강연 주제를 여성주의로 정한 후 반성폭력 활동가를 섭외하려던 우리의 활동은 처음 예상과 달리 '포스텍 페미니즘 강연 취소 사태'에 이르렀다.[4] 사건의 발단은 대학생 익명 커뮤니티 중 가장 영향력이 큰 '에브리타임'의 한 게시글이었다.

　강연 프로그램을 학부생 대상 전체 메일로 홍보한 직후 한 에브리타임 이용자는 강연자가 페미니스트이며, 강연 주제가 페미니즘과 연관되어 있다고 문제 삼는 게시글을 올렸다. 또 다른 이용자는 강연자가 SNS에서 '한남(한국 남자)'이라는 용어를 쓰는 혐오 발언자라고 지적했다. 최초 게시글은 금세 삭제되었으나 한번 들끓은 반대 여론은 총여학생회 구성원 '신상 털기'로까지 이어졌다. 당시 나는 에브리타임을 모니터링하지 않았기에 친구들의 연락을 받고서야 간신히 상황을 파악할 수 있었다. 먼저 소식을 접한 총여학생회 구성원 중 몇 명에게 잔뜩 겁에 질린 메시지가 왔다. 교내 온라인 게시판에서도 강연자의 발언이 도마 위에 오르며 강연 철회를 요구하는 학내 여론은 계속 커졌다.

　오늘날 대학 사회에서 페미니즘이란 주홍 글씨다. 페미니스트라는 단어를 조롱처럼 사용하기도 하고, 여성에 대한 차별을 말하기에 앞서 '페미니스트는 아니지만'으로 운을 띄워야만 할 때도 있다. 페미니스트를

[4]　최민지, 「포항공대에서도 '반페미니즘' 극성」, 《경향신문》, 2021년 4월 28일.

　　　　　김종은

색출하려는 익명 커뮤니티 이용자들은 총여학생회 구성원 명단을 확인하는 방법을 공유하며 총여학생회 구성원들을 인간관계에서 '거르자'고 선동했다. 명단을 확인하니 아는 사람이 있다며 그런 애가 '페미니즘 하는 줄 몰랐다'는 반응도 많았다.

포스텍 총여학생회 자치 규칙 1장 3조에 따르면 총여학생회는 "여학생들의 소통 창구"일 뿐 아니라 "이공계 사회에서 성평등을 기반한 제반 환경의 조성"을 목적으로 한다. 단체의 목적에 성평등이 명시되어 있음에도 페미니즘에 대해 말하는 순간 총여학생회는 여성 우월주의 단체로 낙인찍힌다. 더욱이 전교생이 2000여 명에 불과하고 한 학과의 한 학년이 평균 30명인 학교에서 학생회 구성원들은 익명 사이에 숨을 수도 없었다.

학생회는 반대 여론의 주장대로 강연을 철회하자는 쪽과 익명으로 발화된 이야기에 반응하지 말자는 쪽으로 갈렸다. 익명 커뮤니티의 신상 털기와 직간접적인 인신공격으로 인해 얼마 없는 인원마저 탈퇴하고 남은 사람은 다섯 명. 우리는 강연을 곧바로 철회하기보다 학생들을 설득해 보자고 뜻을 모았다.

익명을 벗어나 이야기하자

포스텍 총여학생회의 남은 구성원이 강연을 철회하지 않으려 했던 이유는 크게 세 가지다. 첫째, 총여학생회에서는 회칙에 따라 적절한 절차를 거쳐 강연을 기획했다.[5] 이는 예산안과 회의록을 통해 기록으로 남아 있다. 어떤 행사를 진행하든 반대 여론은 존재할 수밖에 없으며, 이는 행사를 취소할 이유가 되지 못한다. 둘째, 강연자의 발언을 혐오 표현이라고 정의하기에 근거가 부족하다고 보았다. 그럼에도 반대 여론이 우려하는 남성의 대상화를 방치하고자 강연자에게 강연 내용 및 방향에 대한 가이드라인을 제시하기도 했다. 셋째, '여성 운동과 디지털 성폭력'이라는 강연 주제의 공공성과 강연자의 전문성이 학생 전체에게 이익이 된다

[5] 포스텍 총여학생회는 총학생회 산하 자치 기구로 총학생회비를 운용해 행사와 사업을 집행할 수 있다. 이때 집행에 필요한 금액은 매 분기 예결산을 작성해 총학생회 의결 기구인 여학생운영위원회에서 일차로 심의를 진행하고, 각 자치 기구, 전문 기구장들이 참석해 의결권을 갖는 중앙운영위원회와 자치 기구, 학과 학생회장들이 참석해 의결권을 갖는 전체학생대의원회의에서 심의를 통과해야 한다. 이처럼 하나의 행사를 진행하기 위해서는 최소 3개 의결 기구를 거쳐야 하며, 다른 총여학생회의 상황도 크게 다르지 않다.

김종은

고 판단했다.

　　페미니즘 리부트 이후 여러 여성 단체가 경험했듯이 지금의 대학 총여학생회 역시 여성 단체의 존재 의의를 증명하라는 백래시에 부딪치고 있다. 이러한 백래시는 다수가 익명의 의견들로부터 비롯되었다. 2022년 제20대 대통령 선거를 전후해 언론과 정치권에서는 익명 커뮤니티의 주장을 그대로 수용하며 재확산시키는 역할을 했다. 대학 사회는 이와 유사한 형태로 에브리타임이나 '○○대 대신 전해드립니다', '○○대 대나무숲' 등 온라인상에서 익명으로 제기된 주장들을 수면 위로 끌어오고 있다. 익명성이 곧 공정하고 자유로운 의견 표명을 담보한다는 믿음에 근거한 행위다. 그러나 익명의 채널이 중립적인 공론의 장 역할을 수행할 수 있을까? 대학 페미니스트 공동체 유니브페미는 2020년 상반기 동안 약 25개 대학에서 에브리타임 내 혐오 표현을 수집해 발표했다.[6] 대학 여론을 전한다는 익명 채널들은 중립의 장을 표명하면서도 페미니스트, 비건, 성 소수자, 캣맘 등을 향한 무차별적 비난과

[6] 유니브페미, 「캠퍼스 혐오 표현 새로고침 가이드」(2020).

조롱을 잇는 등 온라인 남초 커뮤니티의 문화를 답습하고 있으며, 게재된 의견에 대한 동조가 편파적으로 일어난다.

학생들은 무엇을 공론의 장에 올려야 할지도 명확히 정하지 못하고 있다. 탈정치화, 반정치화한 학생 단체와 우경화하고 있는 대학 사회가 페미니즘을 공공의 악으로 지정한 것은 당연한 귀결일지도 모른다. 코로나 팬데믹으로 오프라인 교류가 줄어든 대학에서 여러 대학의 총여학생회나 성평등위원회가 익명 커뮤니티에서 제기된 문제들로 인해 제대로 된 소명 한번 없이 폐지되었다.

이런 상황에서 여성주의 강연회 반대 여론과 마주한 우리는 정당한 절차에 따라 문제를 풀어 가고 싶었다. 포스텍 비상대책위원회에 해당 강연에 대한 논의 안건이 상정되자 비상대책위원회는 총학생회원들의 요구를 들어주는 것이 맞다는 태도를 취했다. 총학생회원들의 요구라고 지칭되기는 했으나 사실상 익명 커뮤니티의 주장을 그대로 따르는 것에 가까웠다. 이에 우리는 실명으로 운영되는 카카오톡 오픈 채팅방에서 학생들의 질문에 성실하게 응답하는 공론의 장을 마련

김종은

하겠다고 답했다. 학내 의견을 확인하는 동시에 익명의 외부자가 난입하는 상황을 방지하기 위한 조치였다. 익명 커뮤니티가 끓어오른 데 반해 실제로 오픈 채팅방에 들어온 사람은 서른 명이 채 되지 않았고, 그중에서도 적극적으로 의견을 개진한 참여자는 열 명 내외였다. 논의는 5일에 걸쳐 밤낮으로 진행되었다. 총여학생회는 낮에 수업을 듣고 과제를 하다가 자정쯤이면 화상 회의로 모여 해가 뜨기 전까지 오픈 채팅에 올라온 질문들에 답변을 작성했다.

총여학생회 구성원과 오픈 채팅방 인원에게 남은 마지막 문제는 혐오 표현을 어떻게 정의할 것인가였다. 남성이 소수자 집단이 해당하는지, 남성을 향한 미러링으로 나온 '한남' 혐오 표현에 해당하는지에 대한 견해차를 좁히지 못한 채 논의가 마무리되었다. 구성원들은 혐오 표현을 주제로 한 논문과 전문 서적을 인용하고 국가인권위원회의 정의를 제시하기도 했지만, 전문가의 의견 또한 개인의 의견일 뿐이며 자신을 수용할 수 없다는 말 앞에 맥없이 무너질 수밖에 없었다. 이후 전체학생대의원회의를 통한 최종 결정을 앞두고 만여 개에 달하는 활동가의 트윗 하나하나에 대한 문제 제기가 반복되면서 결국 포스텍 총여학생회는 하예나 활동가의 강연 진행을 철회했다.

　같은 해에 중앙대학교 성평등위원회가 폐지된 일, 바로 다음 해인 2022년에 제주대학교 총여학생회가 폐지된 일은 익명 여론을 현실로 끌어온 또 다른 사례다. 포스텍 총여학생회의 강연 폐지가 어떤 형태로든 절차를 따랐다면, 이 사례들은 폭력적인 공세 속에 일방적으로 통보된 일이라는 점에서 몹시 악질적이다. 중앙대학교와 제주대학교 총학생회에서는 억지로 폐지 절차를 진행하면서 엄연히 존재하는 학칙마저 위반하고, 공론의 장을 아예 마련하지 않거나 기껏 마련한 자리에서는 당사자의 목소리를 묵살했다. 페미니즘이라는 단어에 대해 가진 반사적인 거부감을 행동으로 옮긴 것이다.

　총여학생회가 정치의 장으로 들어서자 대학 사회는 신성한 학업의 장에 감히 정치적인 의견을 끌어들였다는 데 놀라 눈앞에 보이는 페미니즘을 집어 없애기에 급급했다. 그러나 학생 자치의 뜻을 바로 세우기 위한 첫걸음으로 학생들이 새롭게 답하고 고민해야 할 질문은 대학에 왜 페미니즘과 같은 정치적 이슈가 필

요한지, 왜 학생 간에 서로 갈등하고 대립해야만 하는
지다. 이 질문에 답하려면 익명의 그림자에서 나와야
한다.

그림자 바깥에 서 있기

포스텍 총여학생회는 하예나 활동가의 강연 철회 이후
에도 계속해서 활동을 이어 갔다. 아마 총여학생회가
구성된 이래로 가장 많은 활동을 해온 해가 아니었을
까 한다. '추적단 불꽃'을 초청해 디지털 성폭력을 주제
로 강연을 열었고, 월경 박람회, 자궁경부암 백신 접종
비 지원 사업, 페미니즘 스터디 등을 진행했다. 강연 폐
지 무렵 포스텍 여동문회와 만난 일을 계기로 여성 동
문 강연회를 열었고, 2021년 하반기에 제작해 배포한
페미니즘 독서 트리가 온라인에서 인기를 끌며 이듬해
독립 영화관 인디플러스 포항과 공동 여성영화 기획전
을 주최하기도 했다.

　몇 명 되지도 않는 총여학생회 구성원들과 함께
바쁜 일정을 쪼개 가며 사업과 행사를 꾸린 동력은 대
체로 책임감이었다. 포스텍 총여학생회장으로서 포스

텍 여학생을 대표하는 자리에 있다는 책임감이자 강연 취소 사태를 통해 전국의 페미니스트들에게 알린 포스텍 총여학생회의 이름이 지우는 책임감이기도 했다. 전국의 총여학생회가 하나둘씩 사라지고 있는 와중에도 건재하게 활동 중인 총여학생회를 보여 주고 싶었고, 결국 학교라는 사회에서 부대끼고 살아가야 할 익명들에게 페미니즘을 조금이라도 알리고 싶었다. 나와 다른 의견을 가진 사람들에 대해 체념하기보다는 그들을 설득하는 것. 많은 페미니스트가 탈력감을 토로하는 일이지만 학생 대표라면 포기할 수 없는 민주주의의 가치라고 생각했다.

누군가는 나에게 그렇게 열심히 해서 무엇인가 변했는지 묻는다. 당연히 많은 것이 변했다. 행동은 어떤 형태로든 결과가 되어 돌아왔다. 얼렁뚱땅 넘어갈 수 있는 일이라도 절차를 거쳐 수행하고, 작은 것이라도 허투루 넘기지 않고 완성도 있는 결과물을 만들어 냈다는 점이 이후의 나를 정의하는 토대가 되었다. 끔찍하게 바빠서, 혹은 무서워서 그만두고 싶은 순간도 있었지만 포기하지 않았다는 점이 자부심이자 자신감으로 남았다.

김종은

나는 아무것도 하지 않으면 아무것도 바뀌지 않는다는 기조하에 활동을 시작했다. 그렇게 페미니즘에 대해 더 많은 사람과 이야기할 기회를 얻었고, 포스텍 총여학생회의 존재를 한때나마 한국 페미니스트들에게 각인시켰다. 학생 자치의 의미가 퇴색되고 침체한 가운데, 우리의 목소리를 전하기 위해서는 눈물 흘리기보다 행동해야 한다. 이것이 내가 여전히 총여학생회에 남아 있는 이유다.

혼란스러운 강의실 만들기

신하영

신하영　　세명대 교양대학 교수. 교육학자, 페미니스트, 인권 옹호자. 숙명여대에서 여성문학으로 석사학위를, 교육정책으로 박사학위를 받았다. 교육정책, 시민학습, 소수자정책과 젠더 이슈가 주요 연구 분야이며 교육과 학습을 통한 인간의 변화, 변화를 이끌어 내는 교육과 학습에 관심이 있다. 육아정책연구소와 한국교육개발원에서 근무했고 2017년부터 3년간 서울시여성가족재단 연구위원으로 있으며 성평등정책과 돌봄정책을 연구했다.

[주요어]　#페미니즘강의실 #후기청소년기 #다양성
[분류]　교육학 > 페미니즘교육

"후기 청소년기 대학생들이 느끼는
분노와 억울함이
'원래 그런 것'이 아니라는 것,
그 마음을 설명해 주는
이론과 개념들이 존재한다는 것을
나는 알려 주고 싶었다."

"페미니스트 강의실은 갈등과 긴장의 공간이자 때로는 끊이지 않는 적대감의 공간이 된다. 서로가 가진 차이점을 대면한다는 것은 우리가 어떻게 배울 것인가에 관한 생각을 변화해야 한다는 의미이다. 갈등을 무서워하기보다는 새로운 생각을 위해, 그리고 성장을 위해 갈등을 촉매제로 사용해야 한다."[1]

2021년, 나는 대학 정규교과목으로 '현대사회의 다양성과 공존'이라는 교양 수업을 설계했다. 임용 첫해부터 시작된 이 수업은 『모두를 위한 페미니즘』을

[1] 벨 훅스, 윤은진 옮김, 『벨 훅스, 경계 넘기를 가르치기』(모티브북, 2008), 138~139쪽.

쓴 벨 훅스가 이야기한 '가능성을 지닌 가장 급진적인 공간'으로서 대학 강의실을 추구하려는 실험이었다. 수업에서 다루는 페미니즘, 성차별, 여성혐오는 지금의 20대들에게 뇌관과도 같은 민감한 주제로, 논의의 범주와 수위는 매 학기 학생 성비, 학년 구성, 전공별 학생 수에 따라 달라진다. 벨 훅스가 페미니스트 강의실을 묘사한 문구는 내가 설계한 안전하고 혼돈한 공간에 들어설 때마다 '정신줄을 놓지 않도록' 나를 붙들어 준다.

여성학을 대신한 온건한 이름

1980년대생으로 여고를 다니는 동안 '공대에서 남학생과 경쟁하느니 간호대를 가라'는 선생님의 훈계를 건너 들어온 나는 여자대학에 가면, 여성이 지키고 만들어 나가는 상아탑에서라면 여성의 성장을 막는 현실에 대한 모든 의문과 불만이 해소될 줄 알았다. 그러나 대학에 입학한 지 꼭 1년 만에 내가 있던 학교는 여성학과를 폐지했다. 오래지 않아 나는 2006년의 이 사건이 단지 시작에 불과했다는 것을 알 수 있었다.

　최근의 페미니즘 리부트 이후 출판계에서는 수많은 페미니즘 도서를 앞다투어 출판했다.[2] 방송가에서는 여성학 연구활동가들이 교양뿐 아니라 예능 프로그램의 패널로 시청자들과 소통하는 진풍경이 벌어지기도 했다.[3] 그러나 호황기는 잠깐이었다. 완연히 되살아난 듯한 페미니즘 논의는 변화를 거부하는 거센 저항을 상대해야 했다. 사회에서 페미니즘 담론이 전에 없이 풍성해진 것과 달리 페미니즘을 배우고 토론할 공간은 그보다 빠르게 줄어들었다. 대학에서 여성주의, 페미니즘, 여성학으로 분류되는 교육 과정과 그 내용을 가르치는 교수자의 자리는 다른 교과목보다 일찍 사라져 갔다.

　내가 여자대학에 가서 여성학과에 가려던 청운의 꿈을 꾸었던 것처럼 한때 여학생의 대학 진학은 그 자체로 자유주의 페미니즘과 급진적 페미니즘의 구현이

[2]　손희정, 「페미니즘 리부트」, 《문화과학》 제83호(2015), 14~47쪽.
[3]　2017년부터 방영된 EBS 「까칠남녀」에는 페미니스트 패널 손희정, 이현재, 은하선 등이 패널로 고정 출연해서 성소수자 이슈, 성인용품 사용, 페미니즘에 대한 오해와 진실 등을 토론했다.

었다. 여성에 대한 교육 차별 철폐를 제1과제로 삼는 자유주의 페미니즘이 여학생의 취학률을 개선하는 성과를 냈다면 남성중심적 교육 공간의 문제점을 지적한 급진적 페미니즘은 여학생을 위한 별도의 교육 공간과 교육 과정을 주장했다. 후자의 활동은 여성대학의 설립 그리고 여성학이라는 분과 학문의 개발과 확산에 크게 기여했다.[4] 여학생들이 여성들의 자유 공간으로 만들어진 여성만의 학교에 모여 억압받지 않는 상태에서 교육받도록 하자. 이것이 여자 초·중·고·대학교의 설립 취지다.[5]

하지만 나는 페미니즘의 두 진영이 마련한 선물을 끝내 품에 안지 못했다. 2000년대 중반부터 서울 소재 49개 대학 중 25개 대학의 총여학생회가 급격하게 위축되거나 소멸한 것도 모자라 대학 내 여성학 학부 과

[4] Davies, B, "Gender Theories in Education," I. J. Saha (ed.), *International Encyclopedia of the Sociology of Education*(Pergamon, 1997), p.65, 김신일·강대중, 『교육사회학』(제 6판)(교육과학자, 2022)에서 재인용. 우리나라에서는 1975년 '세계 여성의 해'를 맞아 이화여대에 첫 여성학과가 설치된 이래 숙명여대, 계명대, 서울대, 부산대, 신라대, 서강대에 차례로 여성학과 혹은 여성학협동과정이 설치되었다.
[5] 김신일·강대중, 앞의 책, 468~469쪽.

정과 여성학을 다루는 대학 전공, 교양과목들이 줄줄이 폐지 혹은 축소되었다. 마치 누군가가 대학에서 페미니즘을 지우는 작전에 돌입한 것처럼 말이다. 이러한 현상은 2008년 글로벌 금융위기 이후 대학에 현실적인 쓸모를 요구하는 소위 '대학의 위기'의 여파이기도 하다.[6] 학령기 인구가 점점 줄며 학생이 원하지 않거나 학생의 반응이 좋지 않은 과목, 학과는 구조조정과 통폐합의 대상이 되어 버렸다.

대학의 위기, 더 정확히는 인문학의 위기 속에 여성주의 관점의 전공 수업을 유지하려 한 투사 같은 교수자들도 있었다. 철학과의 '여성주의 철학', 사회학과의 '젠더사회학' 전공 수업은 다양한 분과 학문을 바라보는 세계관으로서의 여성주의를 소개하려는 시도였다.[7] 하지만 애초에 여성학전공 교수가 희소할뿐더

---

[6] 2000년대 중반 이후 한국 대학의 여성학 쇠퇴 현상과 관련해 신자유주의와 미국식 실용주의가 침투한 대학 내 경쟁에서 여성학과와 여성학 수업이 밀렸다는 외재적 분석과 한국 여성학이 내부적으로 제도화를 완결하지 못했거나 대학별로 불균등하게 제도화했다는 내재적 분석이 있다. 이나영, 「한국 '여성학'의 위치성: 미완의 제도화와 기회구조의 변화」, 《한국여성학》 제27권 제4호(2011), 37~81쪽.
[7] 전공과목으로 여성주의 철학을 개설한 한림대학교 철학과 고(故) 장춘익 교수의 교육 실천은 다음 책에서 확인할 수 있다. 탁선미 외, 장춘

러, 여성학 수업이 정규 과목으로 유지되도록 결정하는 회의에 성인지 감수성을 갖춘 보직 교원이 늘 자리할 것이라 기대할 수는 없었다.[8] 여성학을 대신한 수업들은 '인권 교육', '시민 교육', '인성 교육'과 같이 온건한 이름이 붙은 과목들이었다.

'어쩌면 페미니즘을 논란의 중심에 가져다 두는 이들 중 아무도 페미니즘을 알고 싶지 않은 것은 아닐까?' 교수자로 대학에 돌아온 나는 이런 의문 속에 후기 청소년기를 보내는 20대 학생들과 만났다.

무한한 자유와
해소되지 않는 분노

언론과 정치인들은 대학생들의 남성·여성 혐오를 두고 이들이 앞으로의 성인기 동안 고정된 인식 구조를 가질 것이라 우려한다. 나 역시 대학에 부임하기 전까지 문헌과 통계 자료로 여성 정책을 연구하며 요즘 20

익교육실천연구회 엮음, 『삶을 바꾼 페미니즘 강의실』(2022, 곰출판).
[8] 김민정, 「'페미니즘 리부트' 이후 대학 내 '성(性)' 강의 지형 탐색」, 《한국여성철학》 제33권(2020), 143~181쪽.

신하영

대에 대해 어렴풋한 이미지를 품고 있었다. 한국 사회가 오히려 여성 상위 시대 아니겠느냐며 공격하는 악명 높은 '이대남'과 젠더 폭력과 채용 성차별 등의 문제를 접하며 사회에 대한 불신에 가득 찬 여학생들의 모습. 그러나 실제 학교에서 만난 대학생들은 이런 상상과 사뭇 달랐다. 고등학교를 벗어나 강의실과 캠퍼스에 '던져진' 학생들의 입장에서 지금의 문제를 보면 어떨까?

생애 단계별로 보자면 대학생 시기의 학생들은 완전한 성인이 되기 전 일종의 유예기간이라고 할 수 있는 '후기 청소년기'에 머물러 있다. 과거에는 10대 중후반기가 성인이 되기 위한 준비 기간이었다면 동년배의 절대다수가 대학에 진학하는 오늘날에는 대학 시기까지 그 기간이 연장된다.[9] 지금의 20대 청년 대부분은 대학을 '어쩔 수 없이 가야 하는 곳', '사회생활에 도움

[9] 청소년학 연구에서는 신체적·인지적·심리사회적 발달의 관점에서 후기 청소년기가 초기(만9~14세), 중기(만15~18세)와도 다르고 이후의 성인기와도 변별된다고 설명한다. 현재 청소년기본법(2020년 5월 19일 일부개정)에서는 정책 대상인 후기 청소년를 만 19~24세로 명시하고 있다. 조혜영, 「후기 청소년 세대 생활·의식 실태조사 및 정책과제 연구」(국무조정실, 2012).

되는 배움을 얻지 못하는 곳' 정도로 여긴다.[10] 이처럼 진정한 배움이 어려운 대학에 진학한 학생들은 고등학생 때와는 다른 압도적인 자유를 누리는 한편 너무나 많은 의사결정을 요구받는다. 스스로 짜야 하는 시간표, 매일 똑같이 정해져 있지 않은 등교 시간, 수업에 빠져도 혼내거나 부모님에게 연락하지 않는 교수, 중간고사보다 기말고사를 훨씬 못 봤는데도 누구 하나 혼내지 않는 상황은 자유인 동시에 압박이다. 그 선택의 책임이 짧게는 학점, 길게는 취업 결과로 자신에게 고스란히 돌아오기 때문이다.

긴 청소년기 내내 경쟁이라는 테두리 내에서 침묵하거나 정답만을 말하도록 강요받아 온 한국의 대학생들이 과연 이 자유를 온전히 누릴 수 있을까.[11] 엊그제까지만 해도 수업 시간에 떠들면 안 된다고 주의받던, 억압받는 학습자로 침묵해야 했던 학생들은 이제 토론식 수업에서 자기 주장을 발표해야 한다. 선생님

---

[10] 김지경·정연순·이계백, 「20대 청년, 후기청소년정책 중장기 발전 전략 연구」(한국청소년정책연구원, 2015).
[11] 김성희, 「침묵하는 학습자를 돕기 위한 교수법 모색: 야스퍼스의 『대학의 이념』과 소통」, 《교양교육연구》 제7권 제4호(2013), 253~280쪽.

이 옳다고 하는 말에 토를 달면 혼나기 일쑤였던 일상이 불과 1~2년 전인데 갑자기 비판적 사고를 해 보라는 소리를 듣는다.

내가 만난 여학생들은 생각보다 더 분노하고 있었고, 남학생들의 억울함도 이미 한계를 넘어서 있었다. 이들은 크게는 강의 중 부적절한 발언을 하거나 사상이 의심스러운('페미'인 것이 의심되는) 교수 또는 강의의 질에 대한 불만부터 사소하게는 학교 식당 메뉴에 대한 개선 의견까지 확실한 자기 의견을 갖고 있었다. 그렇지만 학생들의 불만과 분노는 강의실에서 표현되지 않은 채 대학생 커뮤니티 '에브리타임'에 익명으로 게시되거나 친한 학생들끼리의 정보로 암암리에 공유되었다. 대학 밖에서는 젠더 갈등이 심화되고 심지어 그 중심에 20대 청년 남녀가 있다고 하는데, 대학 안에서는 학생 간, 학생-교사 간 갈등이 전혀 두드러지지 않는 기묘한 상황이었다.

20대 초중반의 남녀 대학생들이 성인기로 진입하기 전 준비 단계라는 것을 가정한다면 그 시기의 생각과 주장으로 이들의 정의로움 혹은 선악을 판명해 버린다는 것은 위험한 접근이다.[12] 10대 시절 자신만의 사고력을 발휘할 기회를 얻지 못했다면 적어도 대학에서 성인으로 잘 살기 위한 기술을 익혀야 한다. 선택의 기준, 세상의 작동 방식, 타인과 공존하는 법, 갈등을 해결하는 법 같은 것들 말이다. 후기 청소년기 대학생들이 마주한 넓고 다양한 생각과 현실 앞에서 느끼는 분노와 억울함이 '원래 그런 것'이 아니며 그 마음을 설명해 주는 이론과 개념들이 존재한다는 것을, 그리고 그게 바로 페미니즘과 여성학, 여성주의 관점이라는 것을 나는 알려 주고 싶었다.

안전함 속에서 불편함을 말하기

'현대사회의 다양성과 공존' 수업은 목적도 수단도 한결같았다. 침묵을 깨는 것이었다. 불편한 이야기, 어쩐지 '빨은 소리'라고 욕을 먹거나 페미니스트라고 낙인찍힐 것 같아서 차라리 침묵했던 이야기를 꺼내 놓을 수 있도록 안전한 강의실을 만들고 싶었다. 팬데믹 기

[12] 김효신, 「"언론이 말하는 '이대남'은 도대체 누굴까?"…언론이 '청년'을 소비하는 방법」, KBS NEWS, 2021년 7월 10일.

신하영

간에 활용도가 급격히 높아진 온라인 강의 게시판에 익명 토론과 설문을 올렸다. 학생들은 "우리 사회에서 페미니즘에 없어져야 한다면 그 이유는?"이라는 질문에 저마다 거친 답변을 남겼다.

다른 곳에서는 반발을 살 만한 이야기가 강의실이라는 안전한 공간에서 용인되며 학생들은 게시판에 자신의 경험과 생각을 조금씩 꺼내 놓았다. 어떤 여학생은 내 만족을 위해 꾸민 날 자신의 외모를 품평하는 주변인의 한마디에 화가 난다고 했다. 전날 잠을 못 자거나 귀찮아서 트레이닝복에 모자를 썼을 뿐인데 성의가 없다는 식의 지적에 노출되는 상황도 수시로 벌어진다. 카투사에 지원하려고 열심히 토익 공부를 했는데 원하는 점수도 이루지 못하고 꼼짝없이 현역으로 군대를 가야 하는 남학생은 남초 커뮤니티에서 본 여성 징병제 관련 논의에 눈길이 간다. 입시의 터널을 뚫고 이제야 맛본 자유 시간 동안 내가 뭘 좋아하는지, 어떨 때 가장 편안함을 느끼는지 제대로 알아보지도 못한 채 군대라는 더 어두운 터널로 내몰리기 때문이다.

나에게 페미니즘이 자유와 해방의 언어였던 것과 달리 학생들에게는 페미니즘이 자신들이 겪는 분노와 억울함 같은 부정적인 감정, 사회적 갈등을 연상시키는 '어쩐지 싫은' 무언가였다. 내가 특히 놀란 것은 여학생들조차 '여자인 나를 자꾸 강조하게 하는' 페미니즘에 대한 막연한 거부감을 보이고 있었다는 점이다. 공정함에 민감한 세대의 여학생들은 기울어진 운동장을 보정하는 것조차 공정이라는 문법에서 어긋나는 것으로 여겼다. 낯설고 어쩐지 싫은 페미니즘과 페미니스트가 무엇인지 알려 주기 위한 첫 단계는 친숙함에 호소하는 것이었다. 내가 어린 시절 매년 「반지의 제왕」,「해리포터」 신작을 기다리며 자란 것처럼 지금 학생들은 매년 마블 히어로 영화 시리즈를 기다리며 커 왔다. 학생들에게 "페미니스트 하면 어떤 사람이 떠올라요?"라고 한 다음 닥터 스트레인지로 유명한 베네딕트 컴버배치, 「토르」 시리즈의 로키를 연기한 톰 히들스턴의 캠페인 참여 사진을 보여 준다.

학생들이 친숙하게 느끼는 배우의 모습으로 페미니즘과 성평등 운동에 대한 심리적 거리감을 줄인 후 각자가 남자라서, 여자라서 겪은 생활 속 불편함을 이야기하도록 하면 신기하게도 학생들의 표정부터가 달랐다. 갓 군대를 제대한 남학생은 "군대 얘기 해도 되

신하영

나요?"라며 말을 꺼냈고, 심드렁하게 앉아 있던 학생도 "여가부는 뭐 하는 덴가요?"라고 시비조로 말을 걸어왔다.[13] 수업이 끝난 후에는 예상하지 못한 불만이 들어오기도 했다. 온라인 메시지로 "교수님, 동성애는 죄악입니다."라고 나를 단호하게 타이르는 학생이 있는가 하면 '나무위키'나 '루리웹' 같은 사이트의 글을 캡처한 화면을 보내며 팩트 체크를 부탁하는 학생도 있었다. 알고리즘이 만들어 주는 편하고 친숙한 세계 밖에 있는 불편한 이야기를 자꾸 이야기해 보라는 교수에 대한 반응들이다.

그럼에도 페미니즘을 가르친다면

어찌 보면 황당한 일화이지만 내게는 이러한 갈등과 긴장 하나하나가 사소하지 않다. 이 수업에서 학생들이 느끼는 반발심과 불편함은 그 자체로 교육적 의미가 있다. 페미니즘 교육은 고정된 지식을 전달하는 강

[13] 신하영, 「"페미니즘은 어쩐지 싫다"는 학생들에게 말 걸기」, 《여성신문》, 2023년 1월 3일.

의가 아니라 세계관을 익히며 연습하는 워크숍에 가깝다. 페미니즘의 이 실천적 면모는 미국의 비판적 교육학자 헨리 지루가 교육을 문화 정치로 바라본 것과 맞닿는다. 지루는 교육이 당대의 지식을 재생산하면서도 헤게모니에 대한 성찰과 사유를 가능하게 한다는 점을 짚으며 가르치는 행위, 배우는 행위란 그 자체로 문화 정치의 한 형태라고 말했다. 갈등의 한복판에 있는 페미니즘을 감히 강의실에 가져와 현재 진행형의 의제를 지식의 대상으로 삼는 페미니즘 교육은 필연적으로 불온할 수밖에 없다.[14]

내 주변에는 수업을 설계할 때부터 대학에서 왜 그런 수업을 하냐며 말리는 이들도 있었다. 심지어 같은 교육학 연구자 중에서는 헌법에서 명시하는 교육의 정치적 중립성을 들면서 대학에서 성평등이나 페미니즘을 강의 주제로 다루어도 되겠냐며 우려하기도 했다. 나 역시 매 학기 강의 평가를 열어 볼 때마다 부담스럽고 신경 쓰이는 것이 사실이다. 보통 강의 평점은 평균 정도로 선방하는데, 한 학기 내내 조용히 있다가 회심

[14] 젠더교육연구소 이제, 『페미니즘 교육은 가능한가』(교육공동체벗, 2021).

의 주관식 답변을 남기는 학생들이 한두 명씩 나타난다. "교수가 페미니스트라서 한쪽에 치우친 이야기만 한다.", "수업 시간에 트랜스젠더 이야기가 나와서 불쾌했다." 등······.

그럼에도 나는 이 혼돈을 더 버티고자 한다. 여성학 수업이 대학 공동체에서 멀어진 과거가 남긴 교훈은 여성학이 하나의 세계관으로서 배움의 주체들에게 세상을 보는 감각을 깨우고 그 세상과 화해할 자원을 제공해야 한다는 점이다. 안전한 공간에서 느끼는 혼란함은 학생들이 성인이 되기 전 다른 관점, 다른 감각을 상상할 수 있는 틈을 허락할 것이다. 아직 성인으로 온전히 자리 잡지 못한 후기 청소년기 대학생에게 필요한 것은 학습과 연습의 기회, 아직은 그래도 되는 공간과 시간이다.

노동문제 동아리
활동기

우재형

우재형   서울대 철학과에서 철학과 정치학을 공부 중이다. 특히 자유주의 정치철학과 인권 이론에 관심이 있다. 서울대 학내 노동자들의 목소리를 전하는 중앙동아리 '빗소리'에서 콘텐츠 팀장으로 활동하고 있다.

[주요어] #청소노동자 #노동인권동아리 #학생운동
[분류] 철학 > 정치철학

"거창하고 설득력 있는
이념을 제창하는 것은 당장
내가 할 수 없는 일이다.
할 수 없는 것에 좌절하거나 무리한
시도를 하기보다, 나는 내가 할 수 있는
최대한의 것인 '한 사람에 대한
고려에서 노동문제 바라보기'의
확산과 설득을 시도하고 있다."

2021년 6월 26일, 서울대학교 기숙사에서 청소 업무를 하던 한 노동자가 휴게실에서 휴식을 취하던 중 심근경색으로 갑작스럽게 세상을 떠났다. 얼마 뒤 이 죽음의 배경에 열악한 노동 환경, 직장 내 괴롭힘 등이 있었음이 밝혀졌다.[1] 많은 학우들이 이 소식에 안타까움과 분노를 표했고, 나 역시 충격을 받았다.

문제는 그다음이었다. 관련 사건이 이슈가 되자, 정치인들도 선거 정국을 맞아 앞다투어 학교를 찾았다. 비극적인 사건이 선거 국면을 만나자 전혀 다른 양상이 펼쳐졌다. '정치가 묻으니 이제는 슬프고 안타까운

[1] 「"건물명 영어로 써 봐" 숨진 서울대 청소 노동자가 당한 직장 갑질」, 《한국일보》, 2021년 7월 7일.

감정도 사라진다' 같은 말들이 학생 사회에서 오가기 시작했다. 이전까지는 죽음에 대한 안타까움과 학교를 향한 분노로 가득 찼던 여론이 지지하는 정당과 정치인에 따라 급속도로, 그리고 극단적으로 갈라지기 시작한 것이다.

'빗소리'에 들어가다

그렇게 시간이 흐르고 그해 겨울, 고인의 죽음에 대해 산업재해가 인정된다는 내용의 뉴스를 보게 되었다. 그때 학내 노동문제를 다루는 중앙동아리 '빗소리'의 대표로 있던 한 선배가 같이 학내 상황을 취재해 보자고 권유했고, 나는 큰 고민 없이 승낙했다. 인권 관련 강의를 듣고 있었고 평소 노동문제에 관심이 없지 않았기에, 동아리 활동을 하면서 연구하고 논문도 쓰면 좋을 것 같다는 단순한 이유에서였다. 불타오르는 열정 같은 것은 하나도 없이, 나는 빗소리에 가입하게 되었다.

　동아리에서는 노동문제에 관한 사전 지식을 습득하고 서로 의견을 나누기 위한 세미나가 정기적으로 열렸다. 나 또한 신입회원으로서 초기에는 세미나에

우재형

성실히 참여했다. 이때 많은 글을 읽었는데, 특히 '중간 착취의 지옥도'[2]라는 기획 취재 기사가 인상적이었다. 하청이 연속적으로 이루어지면서 점차 노동 환경이 악화되고, 착취적 관계가 뿌리 깊게 자리 잡는 현실을 생생하게 포착하고 분석해 낸 기사였다.

그런데 세미나를 계속하며 의문이 생기는 지점들도 많았다. 함께 읽은 대부분의 글들은 '비정규직으로 대표되는 고용 유연화는 사라져야 한다'라는 일종의 규범적 전제를 공유하는 것처럼 보였는데, 여기에 대해서는 선뜻 동의하기 어려웠다. 나쁜 노동 환경으로 이어지는 문제가 많다는 점에 충분히 동감이 되는 한편, 고용 유연화 자체는 경제학적으로 효율성이 있을 뿐 아니라 노동자 개인의 차원에서 여러 자율적인 삶의 선택을 가능하게 해 준다는 점에서도 그 나름의 장점이 있다고 생각했다. 그래서 토론 시간에 그 내용을 지적한 적 있는데, 발언 직후의 정적과 사람들의 차가운 시선이 아직도 생생하다. 그때의 강렬한 기억 때문일까. 이후 나는 차츰 세미나에 참석하지 않게 되었다.

[2] 《한국일보》의 기획 취재로 2021년 1월 25일부터 지금까지 계속되고 있다.

동아리의 지향에 대해 의문을 품은 적도 많았다. 청소 노동자 사망 사건 후 학내 노동문제가 궁금해서 동아리에 들어오게 되었는데, 막상 주된 활동은 다른 단체들과의 연대였다. 다른 학교의 노동 동아리나 전국적 규모의 노동 단체와의 연대야 그럴 수 있다고 해도, 환경이나 젠더 문제 등 전혀 다른 지향을 가진 단체들과 공동 성명을 내거나 연서명에 참여하는 것은 나로서는 이해하기 어려웠다. 나중에야 작은 단체들이 힘을 모아 더 큰 목소리를 내고자 서로 일종의 품앗이를 한다는 것을 알게 되었다. 그러나 여전히 나는 설득력 있는 논리 구성이나 효과적인 콘텐츠 기획을 통해 동아리의 저변을 확대하고 영향력을 키우는 것이 우선시되어야 한다고 생각한다. 이렇게 실천 방향에서 화해되기 어려운 벽을 느끼고 나는 점차 동아리 활동에 의욕을 잃어 갔다.

취재하며 들은
청소 노동자의 목소리

그러던 중 나를 동아리로 끌어들인 선배가 같이 취재

를 나가자고 제의했다. 청소 노동자 사망 사건이 일어난 지 1년이 다 되어 가는 시점에서 어떤 변화가 이루어졌는지 알아보기 위한 것이었다. 의식 환기가 필요하기도 했고, 뭔가 다른 것을 경험할 수 있을까 싶은 호기심에 흔쾌히 따라 나섰다.

우리는 기숙사 가족생활동에서 일하는 청소 노동자를 취재했다. 사전 양해를 구하고 그가 작업하는 곳을 따라다니며 이야기를 나누었다. 확실한 것은 2021년 사건 이후 노동 여건이 많이 개선되었다는 사실이었다. 가장 문제가 되었던 휴식 공간은 구축 건물이라 새롭게 공간을 확보하지는 못했지만 비교적 가까이 있는 기존의 경비실 휴게 공간을 공유하도록 바뀌었다. 크지는 않아도 갖출 것은 갖춘 공간이었다. 무기계약직 전환이 이루어지며 고용 안정성도 일부 확보되었다고 했다. 또한 서울대학교의 처우가 다른 공공기관과 비교했을 때 최상위권 수준에 해당한다는 놀라운 이야기도 듣게 되었다. 다른 곳에서는 거의 지급되지 않는 상여금이 1년에 두 차례 지급된다는 것에 크게 만족한다고 그는 이야기했다.

물론 여전히 남은 문제가 많았다. 현재 그가 담당

하는 가족생활동은 다섯 동의 건물로 이루어져 있는데, 결혼해 가정을 꾸린 대학원생이나 연구원, 강사 등을 위한 공간인 만큼 규모가 큰 연립 주택 단지와 흡사했다. 그런데도 이 넓은 곳을 담당하는 청소 노동자는 우리가 만난 단 한 명뿐이었다. 적어도 둘 이상은 필요해 보였다. 무거운 청소 도구를 든 채 엘리베이터도 없는 건물들을 오르내리고 주차장과 놀이터에 쌓인 쓰레기와 떨어진 꽃잎들을 치우느라 그는 쉴 새가 없었다. 비가 오는 날이라 평소보다도 일이 고되게 느껴지는 듯했다. 힘들지 않느냐는 우리의 질문에, 그는 비인지 땀인지 모를 물기를 닦으며 그래도 몇 달만 버티면 보직이 순환되기에 견딜 만하다고 말했다. 지극히 현실적이면서도 쓸쓸한 답변이었다. 그가 떠나더라도 누군가는 이 과중한 일을 맡게 될 것이었다.

가장 기억에 남는 순간은 학교에 대한 건의 사항이 있는지 물었을 때다. 그는 잠시 고민하더니 이렇게 말했다.

"가장 소박한 꿈이 하나 있다면, 총장 발령을 해 주셨으면 좋겠다는 것입니다. 제 월급 올려 달라는 것도 아니고요, 돈 들어가는 것도 아니니까요."

그의 말마따나 참으로 소박한 건의 사항이었다. 서울대학교 내의 청소 노동자는 총장 발령, 기관장 발령, 학장 발령 등 서로 다른 고용 주체에 귀속되어 있는데, 총장 발령과 그 외 발령 사이에 상당한 처우의 차이가 존재했다. 대표적으로 교직원공제회 가입은 총장 발령으로 입직한 이들만 가능하며, 코로나 이후 여러 방역 물품 및 피복 제공에서도 발령 형태에 따라 차등이 있었다.

학교를 거닐 때마다 마주하는, 일상에 꽤나 깊숙이 침투해 있는 노동자들의 일에 대해 나는 너무 모르고 있었다. 취재를 통해 나는 책과 논문에 빼곡히 적힌 활자의 고정성 너머에 있는 노동자들의 실제 문제와 생각들을 접할 수 있었다.

내가 노동문제를 이해하는 방법

그렇지만 내가 깨달은 것을 통해 주변 학생들을 설득하고 학교의 변화를 이끌어 내는 일은 또 다른 문제였다. 무력감에 빠지는 것은 순식간이었다. 학내 노동문제에 대해 학생 입장에서 과연 무엇을 할 수 있는가? 아니, 애초에 나는 왜 이 일을 하고 있는가? 이러한 질문은 노동문제에 관심을 갖는 사람으로 하는 고민인 동시에, 내가 몸담고 있는 동아리의 정체성 문제이기도 했다.

이렇듯 고민 많은 시간을 보내던 중 오랜만에 만나는 대학 친구들과 근황을 이야기하다가 노동문제를 다루는 동아리에 들어갔다는 소식을 전했다. 친구들은 놀라워하며 이렇게 물었다.

"네가 왜? 너 그런 사상에 관심 하나도 없었잖아?"

대학 내 학생 사회에서 '노동'이라는 단어를 외치면 '좌파적'이라는 말을 듣거나 '운동권'의 맥락에서 읽히기 마련이다. 다분히 편향적이고 부당한 해석이지만 현실이 그렇다. 친구들이 보기에 나는 정치적으로 좌파가 아니고 운동권에도 관심이 없던 사람이니, 노동 동아리에서 활동한다는 사실이 이상하게 보였을 것이다. 이러한 의아함은 한편으로는 자연스럽다. 하지만 열정은 없었을지언정 나는 자연스럽게 노동문제에 관심이 있었다. 이런 생각이 들자 내 안에서 무언가가 내려간 기분이 들었다. 아마도 한동안 고민했던 문제에 대한 내 나름의 답을 찾아냈기 때문일 것이다.

동아리의 많은 다른 이들이 강한 노동 이념을 이야기할 때 나는 그러지 않는다. 이들이 말하는 이념은 다양하다. 마르크스를 신봉하는 사람부터 정의당 같은 정당, 민주노총을 비롯한 노동조합이나 특정 시민단체와 노선을 같이하는 사람도 있다. 그럼에도 이들은 노동자의 권리를 다른 것보다 강조하고 중시한다는 점에서 공통적이다. 인간의 노동에는 무언가 특별한 것이 있고, 따라서 노동자의 권리는 특별한 지위를 가진다고 전제하는 것이다.

내가 이념을 이야기하지 않는다고 해서 이들의 이념이 중요하지 않다거나 그에 대해 알고 싶지 않다는 말은 결코 아니다. 단지 철학을 공부하는 사람으로서, 스스로 마땅히 따를 만한 정합적인 논증이 마련되지 않는 한 알지 못하는 것에 대해 선불리 이야기하지 않을 뿐이다. 나는 아직 노동이 인간의 다른 활동에 비하여 특별한 의미나 우위를 갖는지에 대한 답을 찾지 못했다.

이것이 나에게 최대

그럼에도 내가 노동문제에 관심을 갖고 활동하는 이유는 간단하다. 노동문제를 노동자라는 사람이 겪는 문제로 보고, 그 사람에 대한 고려에서 인식을 시작하기 때문이다. 이 또한 이념의 한 종류로 볼 수 있으나, 노동에 특별히 더 큰 가치를 두는 이념은 아니다. 이런 생각에 영향을 준 경제학자이자 철학자인 아마르티아 센은 인권 이론의 필요성을 역설하며 이렇게 말했다.

"인권에 대한 인정은 우선적으로 윤리적 문제이자 요구다."[3]

윤리적인 존재, 곧 인간이라면 누구나 인권을 인정할 수밖에 없고, 또 그래야만 한다.[4] 인권의 문제로 노동문제를 다루기 시작하면, 내가 노동에 얼마만큼의 가치를 부여하고 노동자를 얼마나 더 고려하는지는 문제가 되지 않는다. 윤리적 존재로서 나는 타인에 대한

[3] Amartya Sen, "Elements of a Theory of Human Rights," *Philosophy and Public Affairs* 32(2004), pp.321~322.
[4] 인권 이론의 세부적 내용에 대해서는 이견이 있을 수 있지만 그것이 인권의 무용함을 드러내는 것은 아님을 센은 명확히 밝히고 있다. 또한 나는 여기에서 인간이 윤리적인 존재라는 것을 전제했다.

우재형

불편부당한 시선과 고려를 바탕 삼아 윤리적 요구로서의 인권에 대한 침해에 맞서야 할 보편적 의무를 지게 되는 것이다.

작년에 세상을 떠난 기숙사 청소 노동자는 매일같이 여러 동의 기숙사를 돌며 청소를 하고, 젊고 건장한 사람이 들어도 무거울 만한 쓰레기 더미를 계단을 오르내리며 정리했다. 휴식 시간은 턱없이 부족했고, 업무는 과중했다. 그러면서도 업무와 전혀 관련 없는 영어·한자 시험을 정기적으로 치러야 했고, 만족할 만한 성적을 내지 못하면 모욕적 언사를 들었으며, 바쁜 와중에도 정장을 차려입고 매주 활동 보고를 하도록 강요받았다.[5] 이 모두가 직장 내 괴롭힘으로 인정되었고, 나아가 모두 인권의 침해라고 규정될 만하다.[6]

이 비참한 사건을 두고 학내 여론이 갈라진 것은 사실이다. 그러나 주목할 점은 청소 노동자가 겪은 부당한 인권 침해에 대해서 인정하지 않는 태도는 찾아

[5] '빗소리' 콘텐츠 팀에서는 관련된 내용을 담은 3부작의 글을 기고한 바 있다. 구체적인 내용은 https://brunch.co.kr/@snurainsound/320을 참조.
[6] 널리 인정되는 보편 규범으로서의 「세계인권선언」(1948)에서는 인신의 안전, 노동 조건 등을 인권의 목록으로 포함한다.

보기 어려웠다는 점이다. 학생들은 어떤 정치인이 학교에 찾아왔는지, 어떤 정당이 이 문제에 관해 논평을 냈는지 등에 대하여 서로 다른 의견과 감정을 표출했지만, 공유하고 있는 무언가가 분명 있었다. 나에게 왜 이렇게 '좌파적'인 활동을 하냐고 악의 없이 놀려 댄 친구도 마찬가지다. 내가 취재한 청소 노동자 이야기를 듣고 그는 업무 강도에 놀라며 왜 같은 일을 하는데도 고용 형태에 따라 대우가 다르냐고 분통을 터트렸다. 이처럼 특정한 이념이나 정파의 문제를 넘어서, 같은 사람으로서 인권의 부당한 침해에 대해 문제 삼지 않을 수 없다는 점은 분명해 보인다.

이렇게 부당함을 '느끼는' 과정은 큰 의식적, 반성적 노력 없이도 노동문제에 관심을 가질 수 있다는 의미에서 지극히 평범한 것이다. 평범하기는 하지만 약하지는 않다. 오히려 굉장한 실천적 힘을 갖는다. 적어도 명백한 인권 침해에 대해서는 모두가 문제 삼는 일치된 여론을 만들어 냄으로써 분명하고도 빠른 변화를 이끌어 낼 수 있다.

내 생각이 이상으로만 남지 않을 것임을 최근의 변화를 보며 확신할 수 있었다. 2022년 10월 15일,

우재형

SPC 그룹의 계열사인 SPL 공장에서 일하던 한 노동자가 끔찍한 죽음을 맞이했다. 다른 많은 사람들처럼 나도 충격에 빠졌지만 한편으로는 희망을 보았다. SPC 계열 점포가 다수 입점해 있는 학내에서도 추모 열기와 함께 불매운동이 벌어진 것이다. 뭔가 뜨거운 것이 목에 걸린 것 같은 기분이 들었다. 학생들이 명백히 노동문제라고 불릴 수 있는 사안에 대해 관심을 갖고 활발하게 참여한 이유는 분명 받아들일 수 없는 인권의 침해와 부정의를 목격했기 때문일 것이다. 정파와 이념이 아니라 평범한 사람에 주목하는, 너무도 인간적인 것이었다. 단지 추상적인 것으로만 남지 않는 실천적 가능성을 나는 생생히 목격했다.

이러한 나의 입장에 대해 같은 동아리의 어느 부원은 지나치게 최소주의적이고 보수적인 견해라고 비판하기도 했다. 그러나 생각해 보면 학내의 노동 환경은 '최소한의 인권'마저도 보장하는 데 실패하지 않았던가? 철학자 칼 포퍼는 이렇게 썼다.

추상적인 선의 실현보다는 구체적인 악의 제거에 집중하라.[7]

포퍼의 보수성을 지적하는 사람들은 문제시하지만, 나는 오늘날 이 말이 갖는 호소력이 크다고 본다.

거창하고 설득력 있는 이념을 제창하는 것은 당장 내가 할 수 없는 일이다. 그러나 명백한 부정의인 인권의 침해에 대해 나는 문제 제기 하고 사람들에게 알림으로써 완전한 해결은 아니더라도 실천적 대응을 이끌어 낼 수 있다. 당장 할 수 없는 것에 좌절하거나 무리한 시도를 하기보다, 나는 내가 할 수 있는 최대한의 것인 '한 사람에 대한 고려에서 노동문제 바라보기'의 확산과 설득을 시도하고 있다.

[7] 칼 포퍼, 이한구 옮김, 『추측과 논박 2』(민음사, 2001), 227쪽.

대학이
해방구가 될 때

신현아

신현아　연구자로 살기가 외롭고 팍팍해도 연구로 우리가 해방될 수 있다고 믿는 연구자, 즉 '바람의 연구자' 중 한 명이다. 직업은 시간 강사지만 그 외 온갖 부업으로 험난한 생활을 헤쳐 나가는 중이다.『내가 연애를 못 하는 건 아무리 생각해도 인문학 탓이야』를 함께 썼다. 세대론, 서브컬처 등의 주제를 거쳐 현재는 지역에서 살아가는 중공업 노동자 가족에 대해 연구하고 있다.

[주요어] #캠퍼스 #대학노동 #해방구
[분류] 지역학 > 문화연구

"지방 대학의
비정규직 청소 노동자가
대학에 대한 자신들의 권리를
주장하며 대학 본부를 점거할 때
대학은 우리에게
다른 공간으로 열리게 된다."

매일 똑같은 교복을 입고 똑같은 학교에서 아침부터 밤까지 앉아 있는 것이 지겨워 죽을 것만 같던 고등학생 시절, 학교를 벗어나려 해도 동서남북 갈 곳이 없었다. 결국 방파제에 앉아 냄새나는 바다를 쳐다보며, 우리 동네엔 정말 아무것도 없다고 한탄했다. 인터넷에서는 서울 '홍대 앞'에는 '크라잉넛' 같은 밴드가 공연을 하고 무언가 재미있는 일들이 많이 벌어진다고 하는데, 거제도에서는 아무 일도 일어나지를 않았다. 바다를 보는 것도 재미가 없어져서 다시 학교로 돌아가 이어폰을 귀에 꽂고 하루 종일 엎드려 잠을 잤다. 크라잉넛이니 RATM이니 엑스재팬이니 하는 록 음악을 고막이 터지게 들으며 '아, 언젠가는 거제도를 벗어나서 서울로 가야지.'라고 다짐했다.

   그러기 위해서는 막연히 수능을 잘 쳐서 서울에 있는 대학으로 가면 된다고 생각했지만, 대체 어떻게 하면 수능을 잘 칠 수 있는 걸까. EBS 강의를 잘 듣고 문제집을 열심히 풀면 된다는데, 세 문제도 풀기 전에 지겨워져서 다시 엎드려 잠을 잤다. 그렇게 열심히 음악을 듣고 만화책을 읽고 잠을 자다가 2006년에 서울이 아닌 부산의 대학으로 진학했고, 나는 부산에는 홍대가 없다며 분개했다. 사실 나는 대학보다도 무엇이든 이 갑갑한 일상을 바꿔 줄 '해방구'를 바라고 있었다.

소문과 괴담이
떠도는 대학

그렇게 고향을 떠나 처음으로 가족과 떨어져 다니게 된 대학은 미디어로 접하던 고색창연한 건물이 있는 아름다운 캠퍼스와는 거리가 멀었고, 멋없게 네모난 건물이 산 위로 점점이 흩어져 있었다. 그럼에도 나에게 대학은 매혹적인 공간이었다. 입학식 날, 강당에 빼곡하게 모인 입학생 앞에서 총장을 비롯한 교수들이 축사를 읊는 도중 어디선가 폭죽 터지는 소리가 나더니 "등록금 인하하라!" 등의 문구가 쓰인 플래카드가 여기저기서 펼쳐졌고, 누군가가 "교수님들! 학생들 목소리를 잘 들으십시오!"라고 고함을 지르다가 끌려나갔다. 2006년 당시 대학 총학생회의 주요 안건 중 하나는 '등록금 투쟁'이었다.[1]

이런 사건만큼이나 대학을 재미있는 공간으로 만들어 주었던 것은 대학을 떠돌던 온갖 소문과 괴담이었다. 특히 중앙 동아리가 모여 있는 학생회관 건물은 온갖 소문과 괴담의 진원지 역할을 했다. 래커 칠을 해서 플래카드를 만드느라 지저분해진 복도에서 누군가는 춤을 연습하고 누군가는 노래를 연습했다. 비가 오는 수요일에는 동아리들을 관리하는 동아리 연합회실에서 파전을 구워 나눠 주곤 했는데, 파전을 얻으러 온

[1] 당시 대학들은 매년 등록금을 인상했지만, 장학금은 극소수만 받을 수 있었고 학자금 대출은 5.7퍼센트 복리이자라는 살인적인 이자율을 기록했다. 등록금 투쟁은 대학생들에게 중요한 당면 과제가 아닐 수 없었고 이는 이후 반값등록금운동으로 이어졌다. 2012년 국가 장학금 제도가 시행되지만 그 내용은 학생들이 요구하던 '조건 없는 반값 등록금'과 달랐다. 이후 등록금이 각 대학보다는 국가 차원의 문제가 되면서, 등록금 투쟁을 비롯해 대학 당국을 상대로 한 투쟁의 동력이 상당히 축소되었다.

학생들은 온갖 뜬소문을 교환하고 파전을 들고 사라졌다. 학생회관의 어느 방은 사실 아는 사람만 아는 비밀 동아리인데 그 동아리에 들기 위해서는 무언가 불온한 느낌의 '학습'을 해야 한다든가, 어느 선배는 사실 10년 전에도 이 학교에 있었다든가 하는 출처 불명의 이야기들이었다.

내가 들었던 동아리는 철학과의 이상한 친구가 만든 독서 동아리 '카르마'였다. 동아리실이 없어 학교의 벤치를 전전하며 떠돌이처럼 독서를 하던 와중에, 인문대학 건물 지하에 아무도 쓰지 않는 빈방이 있다는 소문이 들려왔다. 두말할 것 없이 즉시 달려가 자물쇠를 박살 내고 우리가 점거할 것을 선언한 후 학교 안에 버려진 온갖 가구들을 주워 모아서 치장하고 벽에 그림을 그렸다. 버려진 방인 것에는 과연 이유가 있었는데, 지하의 습기 탓에 새까맣게 곰팡이가 피어 아름다운 벽화는 며칠 만에 까만 점묘화가 되어 버렸다. 그러거나 말거나 희희낙락하며 우리가 점거한 소굴에 친구들을 초대했고, 또 다른 떠돌이 동아리인 '인문예술연구회'의 친구들은 그 더러운 방을 몹시 부러워했다. 친구 좋다는 것을 보여 주기 위해 그 즉시 옆 빈방의 자물

신현아

쇠를 박살 내고 방을 선물해 주었다.

　　지하 점거민들은 종종 학생식당에서 맨밥만 사다
가 버너에 김치와 볶아 먹으며 잔치를 열었다. 자취방
에 있기 싫은 친구들, 집에 있기 심심한 친구들이 와
서 자리를 지키고 있었고, 잠깐 비어 있다가도 누군가
가 금세 문을 박차고 들어와서 어느새 시끌벅적해졌다.
당시 사회적으로 큰 주목을 받았던 마쓰모토 하지메의
『가난뱅이의 역습』을 친구들과 읽었다.[2] 우리가 동아
리방을 점거하고 즐겁게 지내던 것처럼, 한 쇠락한 골
목에서 시끌벅적한 축제와 데모를 작당하며 살아가는
저자의 이야기를 읽으며 언젠가 그런 공동체를 만들어
작은 반란들을 일으키며 유쾌하게 살자고 약속했다.

[2]　마쓰모토 하지메, 김경원 옮김, 『가난뱅이의 역습』(이루, 2009).
2009년 즈음 내가 속한 부산 학생 사회에서는 물 건너 일본에서 '가난
뱅이 대반란 집단'을 결성한 작가의 책이 인기를 끌었고, 서울의 홍대 근
처에서는 강제 철거에 맞선 '두리반 투쟁'에 음악가들을 비롯한 수많은
'문화 활동가'들이 연대했다. 대학 내에서도 자치적인 문화적 해방구를
새로 만들려는 시도가 이뤄졌는데, 이러한 투쟁 방식은 기존의 '운동' 방
식과는 다른, 엄숙주의를 탈피한 즐겁고 저항적인 청년 운동을 시도하려
는 움직임이었다.

노동자가 되어
마주한 대학

전부 지나간 이야기다. 이제 대학은 그다지 매혹적이지 않다. 대학을 떠돌던 소문과 음모와 바보 같은 이야기를 즐겁게 들어주는 사람들이 대학을 해방구로 만들어 주었지만, 대학에는 더 이상 그런 괴상한 존재들이 발붙이고 살 곳이 없다. 점거민들이 옮겨 다니던 더러운 빈방은 행정실의 부속 창고로 리모델링되었고, 학교를 10년씩 다니던 사람들은 흩어졌다. 대자보와 광고 전단과 작은 욕설 쪽지가 붙던 벽들은 반듯한 대리석으로 바뀌었고, 그 위에는 학교 홍보 영상이 흘러나오는 평면 TV가 설치되었다. TV 속 대학은 점거할 만한 어떤 지저분한 귀퉁이도 없다는 듯이 깨끗한 모습을 자랑하고 있었다.

나는 대학이라는 공간을 너무 사랑했던 나머지 대학원에 진학하고야 말았다. 그리고 노동자가 되어 대학을 다시 마주했다. 멋없게 네모난 건물들 사이를 채우고 있던 것은 소문과 음모뿐 아니라 수많은 노동들이었다. 연구실이나 대기실이 없어 배회하는 시간강사

신현아

들, 건물 사이를 바쁘게 돌아다니지만 노동자로 분류되지도 않는 장학 조교들, 계단 아래 쪽방이라고 부를 수조차 없는 곳에서 쉬어야 하는 청소 노동자들, 지하 2층 전기실의 설비 노동자들이 있었다.

처음으로 교양 강의를 받아 강사가 되었을 때 얼마나 벅차고 기뻤는지를 떠올려 본다. 대학에서 강의를 하다니 장하다며 친구들과 가족들이 축하 메시지를 보내 주었다. 그것이 6개월짜리 계약직 삶의 시작이라는 것을 알았다면 그렇게 다 같이 기뻐할 수 있었을까.[3] 그 삶의 시작을 알려 준 것은 대학의 취업 지원실에서 걸려온 전화였다.

"신현아 씨, 졸업하신 지 좀 되었는데 아직 취업 안 하셨나요?"

"네? 저는 지금 바로 이 학교에서 일하고 있는데요?"

[3] 2019년에 강사법이 시행되기 전까지 대학 시간강사는 학기마다 신규 계약을 맺는 6개월 계약직이었다. 강사법은 1년 계약직이되 해고 사유가 없는 한 2회까지 연장하게 했지만, 대학은 계약 기간 내에 강의를 주지 않는 방식으로 무급 상태인 강사가 스스로 사직하도록 유도할 수 있어 법 시행의 실제 효과는 미미하다.

졸업생 취업률을 높이기 위한 취업 현황 조사였다. 나는 그날도 같은 학교에서 강의를 하고 있었지만, 강사는 4대 보험을 지원받지 못하기 때문에 취업자에서 누락되어 있었다. 나는 일하고 있어도 일하지 않는 사람이었다. 게다가 그 전화를 건 사람은 최저 시급을 받으며 일하는 조교였다. 월급 조교로 일하는 친구는 학과 행정 업무 외에도 졸업생들에게 하루에 수십 통의 전화를 돌리며 취업 여부를 파악해 매달 새로 보고서를 작성해야 한다고 했다.

강의 노동은 그 대가가 철저히 '강의 시간'만을 노동 시간으로 계산하여 시급으로 책정되지만, 그 외에도 수많은 '노동이 아닌' 일들이 따라붙는다. 새로운 강의를 개발해도 개발에 들어간 시간은 노동으로 인정되지 않고, 그렇게 개발한 강의는 정규직 교수의 것이 되며 강사 배정 역시 정규직 교수의 권한이다. 강사는 강의를 만들고 연구하고 실행하지만 그 강의에 대한 어떤 권한도 가질 수 없다. 심지어 수강생들의 과제와 시험 채점도 강의 시간에 포함되지 않기에 당연히 시급에 산정되지 않는다. 그 외에 학술대회를 열고 장소를 대여하고 학회지를 편집하고 논문을 수합하고 심사위

신현아

원을 섭외하는 등 '학계'를 움직이기 위한 수많은 일들 또한 노동이 아니었다.

나는 몇 명의 정규직과 수많은 비정규직 및 하청 노동자들이 벌처럼 움직여 유지되는 이 대학이 어떤 곳인지 새로이 깨달았다. 대학이 매혹적인 공간이라고 여겼던 것은 나의 착각이자 짝사랑이었다. 노동자로서 다시 마주한 대학은 잔인한 공간이었다.

해고라는 괴담과
유령이 된 노동자들

노동자에게 대학은 더 많은 괴담과 유령을 품고 있었다. 대학에서는 누군가가 계속해서 갑자기 사라졌다. 강사들은 매 학기 강의 배정 기간이 되면 무사히 강의를 받을 수 있을지 촉각을 곤두세웠다. 개강 후에는 오며 가며 인사를 나누면서 누가 살아남았는지를 확인했다. 학기마다 누군가가 사라졌고, 살아남은 사람들은 사라진 사람에 대해 낮고 조심스럽게 이야기했다. 그것도 잠시뿐, 그렇게 사라진 사람의 흔적은 더욱 희미해졌다. 누구든 다음 차례가 될 수 있었다. 다만 '내가

대학이 해방구가 될 때　　　　105

바로 다음은 아니겠지. 설마 교수가 나에게서 강의를 박탈하지는 않겠지.'라고 되뇌며 안심하려고 애썼다. 괴물에게서 죽어라 도망치다가 뒤돌아보니 모두 잡아 먹히고 혼자 뛰고 있었다는 괴담처럼, 모두가 잡아먹혀도 나는 멀리 달아날 수 있을 것이라 믿었다.

학생들도 사라져 갔다. 폐과 반대를 하며 싸우던 때에는 목소리라도 크게 났지만 어느새 조용히 자퇴서만 제출되었다. 청소 노동자도 줄어들었다. 연구실이나 행정실에 자리가 있는 정규직과 달리, 애당초 대학 안에 발붙일 공간을 갖지 못한 비정규직 노동자나 하청 노동자, 학생은 사라져도 좀체 티가 나지 않았다.

이제는 대학이 통째로 하나둘씩 사라지기 시작했다. 대학 안의 사람들이 사라질 때 대학이 방관했던 것처럼, 대학이 사라질 때 사회도 사태를 방관했다. 남은 삶은 각자가 알아서 책임져야 했다. 대학이 사라지고 있다는 뉴스를 본 어떤 사람들은 '지방대'는 어쩔 수 없다거나 '질 낮은' 대학의 '난립'이 문제라고 입을 모았다. 대학 안의 수많은 사람들의 삶에 대해서도 누군가는 똑같이 말할 것 같았다.

　　　　　신현아

이대로 유령이
되지 않겠다

대학이 매혹의 공간이든, 잔인한 공간이든, 괴담의 공간이든 확실한 것은 그곳이 수많은 사람들이 모여 살고 있는 공동체라는 점이다. 대학이라는 공간을 만들어 온 학생, 강사, 청소 노동자, 조교, 매점과 복사집 운영자, 카페와 분식집의 아르바이트생까지 수많은 '우리'는 대학을 통해 서로 연루되며 모여 살아왔다. 우리는 지방대는 없어져도 된다고, 너무 쉽게 지방대는 "벚꽃 피는 순서로 망한다."[4]라며 "벚꽃 엔딩"[5]을 말하는 사람들이 결코 모를 소문, 괴담, 음모를 만들고 청소하고 어지르고 치우기를 반복하며 이 장소에 시간을 쌓아 왔다.

　지방 대학도 비정규직·하청 노동자도 살아남을 권리가 있다고 선언하고 나선 사람들이 있었다. 민주

[4] 「지방대 벚꽃 피는 순서대로 망한다」, 《강원도민일보》, 2022년 5월 11일.
[5] 「'벚꽃 엔딩' 현실로? 지방대 수입 5년간 4.3% 줄었다」, 《한겨레》, 2021년 10월 18일.

노총 부산지역일반노동조합 신라대지회 조합원들, 다시 말해 신라대학교의 청소 노동자들이다. 2021년 1월 부산의 신라대학교는 학내 청소 노동자 51명에게 전원 해고를 통보했다. 학령인구 감소로 인한 지방대 재정 위기가 이유였다. 총장은 청소 노동자와 대면한 자리에서 학령인구 감소로 신입생이 충원되지 않았고 "학교 통학 버스와 기사님도 줄여 보"[6]는 등의 노력을 했지만, 결국 청소 노동자도 전원 해고할 수밖에 없다고 말했다.

대학의 비정규직·하청 노동자에게는 너무나 익숙한 말이 바로 '학령인구 감소'다. 신라대학교의 청소 노동자들은 비정규직인 데다 하청 소속인 청소 노동자부터 자르는 것이 어쩔 수 없는 일이라고 말하는 총장에게 "학교가 어렵다는 이유로 청소 노동자를 제일 먼저 자르는 게 맞습니까? 학교 경영은 우리가 안 했고 저출산으로 인한 학령인구 감소도 우리 탓이 아니지 않습니까?"(27쪽)라며 당당하게 되묻는다. '학교 경영'이 어렵다면 '경영자'가 책임을 져야지 "자신들을 먼저 내쫓

[6] 배성민, 『현장의 힘』(빨간소금, 2022), 26쪽(이하 본문에 쪽수만 표기).

신현아

으려 하는 것을 용납할 수 없다고 말한다. 또 교수나 일부 행정직 같은 정규직뿐 아니라 자신들도 이 학교를 10년 이상 함께 만들어 온 구성원이라고 주장한다.

그들은 실제로 대학 본부의 로비를 점거하고 집단 해고를 철회할 때까지 퇴거하지 않겠다고 결심한 후, 대형 깔개와 전기 장판을 깔고 함께 먹고 자며 농성장에서 114일을 버텼다. 그 114일간 다른 현장에서 싸우고 있는 노동자들, 민주노총 조합원들, 민중가요 가수들, 학생들을 비롯한 수많은 동지들이 와서 노래하고 밥을 나눠 먹으며 자리를 지켰다. 그러는 동안 대학 당국은 이들을 쫓아내려 했고, 학생들은 공부에 방해가 된다고 항의하다 고소를 했고, 누군가는 그들이 건 현수막을 찢어발겼다. 이 모든 일을 겪으며 이들은 선전포고를 하고, 작전을 짜고, 사람들을 불러모으고, 승리에 대한 전망을 세우고, 빼앗긴 것을 탈환하기 시작했다. 그 결과 신라대 청소 노동자들의 진짜 사용자는 "용역하청 바지사장"이 아니라 바로 신라대 원청이라는 것을 투쟁으로 증명하며 직접고용을 쟁취해 냈다.

청소 노동자들이 탈환하려고 했던 것은 그들의 일자리뿐 아니라 대학 그 자체였다. 지방 대학의 비정규직 청소 노동자가 대학에 대한 자신들의 권리를 주장하며 대학 본부를 점거할 때, 대학은 우리에게 다른 공간으로 열리게 된다. 이곳에 연루된 학교 구성원 모두가 단지 유령이 아니라 권리가 있는 존재임이 드러나는 공간, 즉 해방구가 된다. 그렇기 때문에 그들의 싸움은 대학이라는 공간 자체를 우리 모두의 것으로 탈환하는 싸움이다. 대학을 지키기 위해서 싸우는 누군가가 있을 때 대학은 여전히 해방구일 수 있다.

신현아

탐구는
어디에서
일어나는가

육상을

유상운   서울대에서 물리학을 전공하고 같은 대학 과학학과에서 한
국 반도체 기술 개발의 역사를 주제로 박사학위를 받았다. 한밭대에
서 과학기술사를 가르치며 공장과 시장이라는 공간에서 20세기 후반
한국의 과학기술을 어떻게 이해할 수 있을지 고민하고 있다. 대표 논
문으로 "Innovation in Practice: The 'Technology Drive
Policy' and the 4Mb DRAM R&D Consortium in South
Korea in the 1980s and 1990s", 「반도체 역공학의 기술사:
TV 음향 집적회로의 개발, 1977~1978」 등이 있다.

[주요어] #연구개발 #산학협력 #탐구열
[분류] 과학기술학 > 과학기술사

"국내 이공계 대학이 연구 성과로
오늘날 세계 순위권에 들기까지,
대학 구성원과 시장 기술자들 간의
역동적인 관계 속에서
엿볼 수 있었던 탐구에 대한 활력은
어디로 갔을까?"

대학 입학 직후 느낀 감정은 당혹감이었다. 50명도 넘는 인원이 수업을 듣는 대형 강의실, 강의실 크기와 대조적으로 교과서만 올려놓으면 필기할 자리가 없는 좁은 책상, 잘 들리지 않는 교수님의 목소리, 켜져 있는 건지 꺼져 있는 건지 잘 모르겠는 실험 장비들.

고등학교 때는 많아야 20~30명 정도의 인원이 수업을 들었고 책상도 충분히 넓었다. 어려운 내용은 물리 선생님이 명쾌하게 설명해 주었고, 아크 방전같이 말 그대로 눈앞이 번쩍이는 현상을 목격할 수 있는 실험 장비가 있었다. 물리학을 전공하기로 마음먹은 계기가 뉴턴이나 아인슈타인의 위인전도, 과학 도서나 다큐멘터리, 영화도 아니라 바로 그러한 고등학교 물리 수업이었는데, 정작 대학의 물리학 수업은 정반대에 가까웠던 것이다. 왜 이러한 괴리가 생긴 것일까 하는 혼란스러움이 떠나지 않았다. 나는 지금 방치당한 것인가? 아니면 내게 흥미를 안겨다 준 고등학교 교육 방식이 실은 주입식 교육이라서 대학의 자기 주도형 학습에 적응하지 못하는 것인가?

내가 대학에 입학한 2000년대 초반은 대학들이 이공계를 중심으로 '교육중심대학에서 연구중심대학으로' 변모하겠다는 포부를 내세우던 시기였다. 국내 대학 연구실의 연구 결과가 《네이처》, 《사이언스》 같은 소위 톱 저널에 실리는 일들이 빈번해졌다. 논술 연구자들의 피인용 수가 노벨상 수상자들과 큰 차이가 나지 않는다는 자랑을 수업 시간에 자주 들었다. 재임용 기준이 보다 엄격해졌다는 언론 보도도 있었다. 연구중심대'이란 이러한 변화들을 포괄하며 앞으로 대학이 나아가야 할 방향을 가리키는 열쇳말 중 하나였다. 교정 곳곳에 걸린 우리가 이렇게 자습만 하게 된 이유가 교육중심대학에서 연구중심대학으로 바뀌었기 때문일까? 그렇다면 그 이전까지는 정말 교육중심대학이었을까?

암시장에서
일어난 일

시간이 흘러 과학기술학 분야를 공부하고 과학기술의 역사를 알아가면서 나의 개인적 경험을 20세기 후반 한국 이공계 고등교육의 변화라는 큰 틀 속에서 이해할 수 있었다. 진리 탐구와 혁신의 원천이라는 각종 수사로 점철된 오늘날 이공계 대학 연구실의 지식 생산 방식은 어떻게 변화했는가? 당시 일부 대학의 이공계 학과가 시장과 같은 대학 바깥의 장소와 연계해 교육과 연구 활동을 펼친 구체적인 장면들에도 주목해 보자.

해방 이후 1960년대에 이르기까지 국내 이공계 대학은 양적으로 팽창했다. 하지만 이들의 사회적 역할에 대한 기대는 여전히 모호했다. 학과들은 일제강점기에 설치됐던 일본식 학과 제도에서 크게 벗어나지 않은 형태로 운영됐고, 이들이 길러 내는 이공계 인력은 그 성격이나 규모 면에서 산업계를 비롯한 사회적 수요와 잘 들어맞지 않는 경우가 많았다. 한국의 공업계는 설계를 비롯한 공학 연구를 수행할 수 있는 대학 졸업자보다는 기계 장치를 운전하거나 유지 보수를 할 수 있는 인력이 더 필요했다. 대학 관계자들은 이공계 대학이 어떤 인력을 배출해야 하는지, 대학이 사회 속에서 어떤 위치에 있어야 하는지에 대한 다양한 의견을 표출했다. 대학이 산업계와 더 긴밀하게 연계해 기능 교육을 강화해야 한다는 주장, 산업계와 학계는 서로 다른 목적을 추구해야 한다는 주장, 이 둘을 병행해야 한다는 주장들이 혼재했다.[1]

대학에서 무엇을 배울 수 있을지, 졸업 후 어떤 분야로 진출해 사회에 기여할 수 있을지 모든 것들이 모호하기만 했지만, 내부 구성원들 사이에서는 그 나름대로의 활력이 있었다. 당시 많은 이공계 학생들은 대학 바깥에 있는 고물 시장 내지는 암시장에서 온갖 기술물들을 수집하고, 수리하고, 재조합하고, 변형하는 취미 활동을 동료들과 공유하고 있었다.

대표적인 장소로 서울에는 오늘날 청계천 시장이라고 불리는 장사동 시장이, 부산에는 국제 시장이 있었다. 장사동 시장과 국제 시장은 주한미군 기지에서 비공식적으로 유출된 무전기, 라디오, 계측기뿐 아니

[1] 강기천·최형섭, 「공업 없는 공학: 1950~60년대 서울대학교 공과대학의 지향과 현실」, 《사회와역사》 제119집(2018), 41~74쪽.

유상운

라 지프차에 내장된 각종 전자·기계 장비들이 유통되는 공공연한 암시장이었다. 정상적으로 작동하는 기기도 간혹 있었지만 고장 나거나 유출 이후 추적을 피하기 위해 고의로 파손된 장비들이 많았다. 여러 물품들 중에서도 전자 통신 장비와 그 부품에 특히 많은 관심이 쏠렸다. 이들을 조금씩 모아 동료들과 무선 전신 장치를 만드는 아마추어 무선 활동에는 이공계에 진학한 학생들만이 아니라 10대 아이들, 중고등학교 교사들도 참여했다.[2]

시장에서의 활력은 대학 연구실에 기초 교육과 연구의 기반을 마련해 주는 중요한 자원이었다. 1960년대 전후 이공계 대학의 교수와 학생들은 한정된 예산으로 교육과 연구의 여건을 마련하고자 시장을 수시로 드나들었다. 이러한 시장에서는 전선, 플러그와 같은 비교적 간단한 부품부터 변압기, 오실로스코프까지 다양한 부품과 장비를 구할 수 있었다. 특히 주한미군 통신 장비의 내부에 장착된 값비싼 진공관 같은 전자 부

[2] 유상운·조동원, 「무전기에서 라디오로: 전자 기술 문화와 반도체 산업 발단의 착종사」, 《한국과학사학회지》 제43권 제3호(2021), 557~600쪽.

품들은 국내에서 생산되지 않았을뿐더러 소량 수입이 안 되어서 국내 대학의 실험실에서 정식으로 구입하기 어려운 것들이었다.

한국 전쟁 직후 서울대 물리학과는 청계천 시장에서 구해 온 여러 자재들을 수리하고 가공해 일반물리 실험실을 꾸렸다. 1958년에는 시장에서 산 각종 부품들을 새로운 방식으로 재조합하면서 한 원로 교수의 회고 속 표현대로 '질박한' 입자가속기를 제작하기도 했다.[3] 연구자들은 영등포에서 원통형 철제를 구해다가 자기회로를 주조해 전자석을 만들고, 청계천 시장에서 값싸게 구입한 삼극 진공관을 개조해 진공의 정도를 읽을 수 있는 계기 장치를 고안하고, 코일을 여러 번 감으면서 전자기유도를 위한 공명 주파수를 맞추어 나갔다.[4] 1962년 한양대 공과대학에서는 국내 제작 컴퓨터의 효시라고 불리는 아날로그 전자계산기들을 연달아 제작했다. 교수와 학생들은 청계천 시장을 수십 차례 드나들면서 전선, 콘덴서, 전류전압 계측기,

[3] 고윤석, 『서울대학교 물리학과(부)의 발자취』(서울대학교 물리학부, 2003), 10쪽.
[4] 위의 책, 90~94쪽.

유상운

진공관들을 사들였다. 비공식적인 시장이라 정해진 가격이 없다 보니 좋은 부품을 값싸게 구입하기도 하고, 반대로 값싼 물건을 비싸게 내놓아 실랑이를 벌이기도 했다.[5]

시장은 단순히 대학에 재료나 부품을 제공하는 데 그치지 않고, 특정한 장비의 제작에 필요한 재료를 맞춤형으로 가공하거나 결정적인 아이디어를 제공하기도 했다. 입자가속기의 경우 자기장의 균일도를 유지하는 것이 중요한데, 이를 구현하려면 원통형의 자극(磁極) 부분에 기포를 없애는 고난도의 작업을 거쳐야 했다. 당시 영등포에 소재한 한 회사의 공장에서 몇 번의 시행착오 끝에 가공에 성공해 물리학과는 '실험에 쓸 수 있는' 입자가속기를 확보할 수 있었다.[6] 비슷한 시기 부산대를 거쳐야 했다. 물리학과에서는 교수와 학생들이 고체 물질의 결정 구조(crystal structure)를 연구하기 위해 조개탄 난로를 노(furnace)로 개조하는 작업에 몰두하고 있었다. 니크롬을 노의 가운데 위치한 튜브에 감는 작업이 난관이었는데, 국제 시장에서 중

[5] 이만영, 『내가 가는 방향이 곧 길이다』(휴먼큐브, 2013), 161~174쪽.
[6] 고윤석, 앞의 책, 91쪽.

고 라디오 부품들을 파는 상인 겸 기술자들이 자석 주변에 코일을 감는 방법을 적용해 가까스로 해결할 수 있었다.[7]

정부와 기업의
사업 파트너가 된 대학 연구실

1960년대 이래 민간 시장의 물질적 자원과 아이디어들을 적극적으로 활용했던 대학 연구실들은 1980년대 이후 국가적인 수준에서 주요 연구 기관으로 자리매김하기 시작했다. 이를 가능하게 한 배경에는 국가연구개발사업이라는 제도적 기반이 있었다.

국가연구개발사업은 1980년대 초 과학기술처가 시행한 연구개발(R&D, Research and Development) 정책이다. 정부출연연구소 위주로 국가 연구비를 배분하던 이전까지의 방식과 달리 국가연구개발사업의 프로젝트들을 중심으로 정부출연연구소, 기업 연구소, 대학 연

[7] 김학수, 「한국의 물리학자 6: 결정 성장의 대부 이범삼」, 《물리학과 첨단기술》 제9권 제6호(2000), 47~48쪽.

구실에 연구비를 배분하는 형태였다.[8] 여러 국가연구개발사업들 중에서도 선도연구센터사업은 대학의 기초연구를 지원하는 10년 단위의 대규모 사업으로 1990년부터 시행되었다. 앞서 살펴본 서울대와 부산대 물리학과 연구실 역시 이 사업에 선정돼 전례 없는 규모의 연구비를 지원받으며 활발히 연구 활동을 전개했다.

2000년대에 이르러 이공계 대학의 사회적 위치는 더 이상 모호하지 않았다. 대학의 연구실은 국부를 창출할 수 있는 기술 혁신의 장소로 스스로를 내세웠다. 이는 비단 구호에 그치지 않고, 국가연구개발사업이라는 제도를 매개로 상당 부분 구체화되었다. 정부와 기업의 연구 과제가 국가연구개발사업의 형태로 발주되면, 연구 참여자로 선정된 대학 연구실은 두 곳의 연구비를 받고 보고서나 기술 이전의 형태로 정부와 기업에 결과물을 제공하는 방식이었다. 2000년을 전후해 전국의 대학에 등장한 산학협력단이라는 기관은 국가연구개발사업에 참여한 대학 연구실들의 연구비, 인력 등을 통합 관리하기 위한 조직이었다. 대학원생과 연

[8] 유상운, 「국가연구개발사업의 군사적 기원」, 《한국과학사학회지》 제42권 제1호(2019), 163~185쪽.

구원들은 때로는 학교의 세미나실에서, 때로는 기업의 회의실에서 연구 계획과 결과를 놓고 토론했다.

이 시기를 거치면서 대학이 생산하는 지식의 내용과 수요 역시 변했다. 국내 물리학계를 예로 들면 1970년대까지 물리학의 세부 분야들 중 입자론, 우주론 연구자가 다수였던 반면, 2000년을 거치면서 고체 물리 연구자들이 다수를 차지하기 시작했다. 고체 물질의 물리적 성질을 탐구하는 이 분야의 연구는 차세대 반도체 소자의 개발에 응용될 수 있다는 점에서 반도체 제조 업체들의 수요를 만족시킬 수 있었다.[9] 국내 주요 반도체 제조사들은 고체 물리를 전공한 인력을 공급받고, 정부와 기업은 대학에 연구비와 고가의 실험 장비들을 지원했다. 이러한 '선순환'의 구도 속에서 대학원 연구실은 대학을 정부, 기업과 긴밀히 잇는 연결점이 되어, 사회 속 대학의 위치를 규정하는 핵심적인 장소로 떠올랐다. 대학이 정부와 기업의 긴밀한 사업 파트너가 된 것이다.

[9] 유상운, 「국가연구개발사업 속의 "연구중심대학": 1990년대 이후 물리과학 분야를 중심으로」, 《과학기술학연구》 제21권 제1호(2021), 74~95쪽.

유상운

대학 교육과 연구 역량이 성장하는 과정에서 의존한 민간 시장과의 관계 역시 달라졌다. 대학 연구실에는 고가의 수입 장비들이 가득 찼고, 핵심 장비들을 직접 제작하기 위해 청계천 시장이나 국제 시장을 방문하는 일은 점차 줄었다. 물론 이러한 변화가 대학과 시장의 관계 단절을 의미하는 것은 아니었다. 고가의 장비를 특별한 연구에 쓰려면 개조를 해야 했고, 고장이 나면 부분적으로 수리가 필요했다. 이때마다 시장에서 물품을 조달하고 그곳의 기술자들에게 조언을 받는 것은 자연스러운 일이었다. 하지만 장비의 제작 단계에서부터 드나들어야만 했던 과거와 달리 이러한 작업은 조금씩 '유지 보수'에 가까운 일들로 축소되었다.

대학 안팎의 변화와 탐구

대학의 목표를 세우는 과정에서 제시된 '교육중심대학에서 연구중심대학으로'라는 구호는 학부에서 대학원으로 연구의 중심을 옮기는 일이기도 했다. 2000년대 초반 신입생이었던 내가 겪은 경험은 그사이의 과도기적 상황을 잘 보여 주는 것일 수 있다. 대학원 연구실에 대한 지원은 증가했지만, 학부의 강의실과 실험실은 예전 그대로였다. 그러면서도 한때 교육의 장소였던 암시장들과 긴밀한 관계를 유지하고 있지 않았다. 학교가 위치를 옮기기도 했고 시장 역시 규모가 축소되고 있었다. 연구를 위한 장비는 더욱 복잡해지고 압축되었다. 장비 제조사들이 내거는 품질보증 조건에 따르려면 과감한 수리나 개조를 할 수 없었다.

입학한 지 몇 년 후 학부 강의실과 실험실 건물이 새로 지어지면서 학부 수업에도 최신식 실험 장비들이 도입되었다. 대학원 연구실 위주로 지원하기 시작했던 과도기를 지나 학부 교육 역시 방치하지 않는 교육 여건이 마련된 셈이다.

이처럼 '개선된' 조건이 주어졌다면 어쩌면 나는 당혹감이나 고민 없이 물리학에 대한 흥미를 유지할 수 있었을지도 모른다. 시설이 더 좋은 강의실에서 이론을 배우고, 더욱 정밀한 측정 장비로 깔끔한 데이터를 뽑아내면서 차세대 반도체 소자의 개발에 응용될 수 있는 분야를 세부 전공으로 선택했을 가능성이 높다. 그런데 이런 경로야말로 고도화된 주입식 교육의 연장선은 아닐까?

유상운

예산도 장비도 없던 시절, 학생들과 교수가 시장을 드나들면서 장비를 만들고 개조하고 수리하는 장면들을 복원하고 싶은 마음은 직접 경험해 보지도 않은 과거에 대한 지나친 미화일 수 있다. 하지만 국내 이공계 대학이 오늘날 세계적인 연구 중심 대학으로 성장하기까지, 과거 대학 구성원과 시장 기술자들 간의 역동적인 관계 속에서 엿볼 수 있었던 탐구에 대한 활력은 어디로 갔을까? 고물 시장에서 직접 제작한 질박한 장비 대신 고가의 측정 장비로, 기업의 신제품 개발에 기여할 수 있는 지식들로 가득 찬 대학 연구실의 풍경 속에서 탐구의 활력이 사그라든 것은 아닐까.

'실용적인 학문'의 성립 사정

스진형

소진형 동아시아 정치사상사를 전공하며, 17~19세기 유럽과 동아시아 사이의 번역, 지식의 유통·변용과 그 지성사적 의미에 관심을 두고 연구를 진행하고 있다. 이화여대 정치외교학과에서「조선 후기 성리학적 군주론 연구: 정조의 「대학」 해석을 중심으로」로 석사 학위를, 서울대 정치학과에서「조선 후기 왕의 권위와 권력의 관계: 황극개념의 해석을 중심으로」로 박사 학위를 받았다. 공저로 *Remapping the World from East Asia: Towards a Global History of the Ricci Map*(근간)이, 공역서로『서양을 번역하다』가 있다. 최근 논문으로는「조선 지식인의 서양 번역서 독해방식: 전병훈,『정신철학통편(精神哲學通編)』의 사례를 중심으로」,「신유사옥 이전 천주교에 대한 국가적 대응과 그 정치적 의미: 천주교에 대한 여론 형성과 사회의 보수화적 관점에서」,「「황사영백서」의 유통, 인용, 참조의 방식과 역사적 기억의 재구성」 등이 있다. 《경향신문》에 '조선의 타자'를 연재했다.

[주요어] #실학 #성리학 #인문학의의미
[분류] 동아시아 지성사 > 조선후기 정치사상사

"실용적인 지식은
그 지식을 펼칠 수 있는 사회적
조건이 갖춰져 있을 때
유의미한 것이며,
다양한 학문적 영역이
공존할 때 비로소 '실용적'이라는
레테르가 붙을 수 있다."

옛날 옛날에 우리 부모님은 나에게 실용적인 학문을 해서 미래에 대비해야 한다고 하셨다. 전공도 실용적인 것을 골라야 하고 다양한 자격증을 따야 하며 가능하면 기술도 익혀 두는 것이 좋다고 강조했다. 대학에서 실용적인 전공을 공부하지 않으면 이후 취직이 어렵다는 생각을 갖고 계셨는데, 이는 사회와 가정의 경제적 위기를 겪어 본 당신들의 경험에서 나온 것이기도 하고 당시 사회적인 분위기에 기인한 것이기도 했다. 그 생각의 기저에는 실용적인 공부를 하면 인생의 난관에 부딪쳤을 때 보다 잘 대처할 수 있을 것이라는 믿음이 깔려 있다.

대학에서 실용적인 학문을 전공해서 어엿한 몫을

하는 사회인이 되기를 바랐던 부모님의 소망은 빨리 무너졌는데, 그 이유는 내가 실용적인 학문에 소질이 없었기 때문이다. 소질이 없다니! 실용적인 학문이란 배우고 익혀 몸에 장착하여 필요한 때마다 꺼내어 사용하면 되는 그런 것이 아니었단 말인가?

그러나 '실용'의 의미는 분명하지 않은데, 이 단어가 주는 인상보다 실제 의미의 범주가 지나치게 포괄적이기 때문이다. 한번 생각해 보자. 우리가 실용적이라고 생각하는 물건들은 포스트잇부터 자동차, 복잡한 전자기기까지 거의 모든 것을 포함한다. 어떤 물건은 나에게 필요하기 때문에 실용적이고 어떤 것들은 필요 없기 때문에 실용적이지 않다. 자동차는 도로가 잘 나 있는 곳에서는 실용적이지만 절벽으로 이루어진 산에서는 실용적이지 못하다. 실용 학문, 그러니까 공학이나 경제학이나 법학 등을 공부한다고 즉시 쓸 수 있는 것이 아니라는 점은 우리 모두 잘 알고 있다. 그렇다면 실용적 학문이란, 실용적인 공부란 대체 무엇인가?

실학은 한가지 의미가 아니다

나와 같은 조선 시대 전공자들이 실용적 학문에 대한해 질문을 받으면 가장 먼저 떠오르는 것은 아마도 실학(實學)일 것이다. 그리고 실학이라고 하면 조선 시대의 유형원, 이익, 정약용이나 홍대용, 박지원, 박제가와 같은 '실학파'와, 그들의 학문은 성리학자들과 구별되는 구체적인 기술이나 과학, 제도에 관심을 둔 무엇이라는 교과서 내용도 생각난다.

추상적이고 사변적인 성리학에 비해 실학은 구체적이고 실용적인 것이라는 평가가 곧장 떠오르기도 한다. 공허한 이론만 늘어놓는 성리학자들과 달리 실학자들은 실생활에 도움이 되고 사회를 발전시킬 논의를 하는 사람들이라는 평가가 '실학'이라는 말에 이미 내려진다. 이와 같은 실학에 대한 일반적인 생각에는 좋은 학문이란 곧 실용적인 것이라는 공식이 전제되어 있다.

실용적인 학문, 실학 등의 핵심적 의미를 결정하는 '실(實)'은 열매라는 뜻으로, 그로부터 파생된 씨앗, 공물, 내용, 본질, 참됨 등의 의미를 내포한다. 실이 접

두어로 붙은 실학, 실용, 실제, 실질과 같은 단어들은 추상적이거나 막연하지 않고 구체적인 형태의 지식, 대상, 혹은 적용 가능한 무엇 혹은 접근 방법이라는 의미를 갖는다.

그런데 현재 통상적으로 실학이 사용되는 방식과 별개로 역사 자료들을 검토해 보면 실학의 의미가 광범위하다는 것을 알 수 있다. 어떤 사람들은 사회 개혁을 하기 위해 고대의 제도를 연구하는 것을 실학이라고 보았고, 어떤 사람들은 고증하기도 어려운 고대의 제도보다는 수레나 쟁기, 구체적인 기계를 만들어 생활에 도움을 주는 것이 실학이라고 보기도 했다. 또 다른 사람들은 '진실한 학문'을 실학이라고 말하고, 주장을 하기 위한 논리적 추론 방식, 철학적 사유 등이 실학이라고 주장하기도 했다.

실학의 반대에 있다고 여겨지는 성리학에서 가장 중요한 학자인 주희(朱熹)도 자신이 하는 성리학이 실학이라고 단언했다. 중국 남송 대에 주희는 문장의 표현이나 형식에 방점을 두는 사장학, 즉 전통적인 관점의 문학으로는 제대로 된 정치를 할 수 없다고 비판하고, 성리학이야말로 개인의 윤리와 국가의 통치를 가

소진형

능하게 하는 실학이라고 주장했다.[1] 이렇게 다양한 분야의 많은 사람들이 서로 다른 관점에서 실학과 실용적 학문에 대해 정의를 내린다면, '실' 그리고 '실용적'이라는 말은 그 외연이 넓어져 뉘앙스만 남고 정확한 의미를 간취하기 어려운 단어가 된다.

서양에 뒤지지 않기 위한 실학

학교, 학문과 관련해서 실학, 실용이라는 말은 언제부터 중요하게 등장했을까? 구체적인 학교 제도와 과목에 '실'이라는 표현을 붙여서 사용하기 시작한 것은 19세기 말이다. 당시 사람들은 서양의 학교 제도를 수용해야 한다는 근거로 서양 학문의 실용성을 제시했다. 그렇다면 그들이 말하는 학문의 실용성이란 무엇을 의미하는 것일까?

1886년 10월 11일. 조선에서 처음 펴낸 근대 신문인《한성주보(漢城周報)》에 중국 신문《자림호보(字林滬

---

[1] 『주자대전(朱子大全)』 권15 「경연에서의 강의(經筵講義)」; 「세 가지 예를 닦으라는 차자(乞修三禮箚子)」; 권32 「장경부의 문목에 답함(答張敬夫問目)」; 권40 「하숙경에게 답함(答何叔京)」 등 참조.

報)》에 실린 왕작당(王芍棠) 선생의 글을 인용하면서 서양으로부터 온 실용적인 신학문을 해야 한다고 주장하는 칼럼이 실렸다. 왕작당 선생이 누구인지는 불분명하지만,《한성주보》가 그의 글을 인용한 것은 왕작당 선생이 주장하는 서양 학문의 실용성과 체계성이 자신들이 생각하는 것과 일치했기 때문일 것이다.

칼럼에서 왕작당 선생이 말하는 서양의 학문은 한마디로 과학기술을 포함한 실용 학문이다. 여기에서 실용 학문이란 증기기관, 전기학, 직조업, 채광업 등 실제 산업과 관계된 것들로, 그는 이런 학문을 빨리 배워서 서양 국가들처럼 부유하고 강한 국가가 되어야 한다고 생각했다. 전통적인 유학자들은 기술과 산업을 천하게 여겨서 관련 학문이 쉽게 확산되지 않는다. 흥미롭게도 왕작당 선생은 실용 학문을 받아들여 나라를 빨리 부자로 만들어야 한다고 주장하지 않았다. 서양에서 실용 학문이 성립했던 것은 체계적인 학교 교육 과정 때문이라는 주장이었다.

그는 학교 제도가 초등학교, 중학교, 고등학교, 다양한 실업·상업·기술 전문학교와 대학교, 지금 이공대에 해당하는 기예원, 격물원으로 구성되어 있다고 설명한다. 서양에서 구체적인 전문 지식을 가진 사람들이 배출될 수 있는 이유는 바로 대학에서 윤리학, 법, 정치, 외교, 철학, 언어, 의학과 같은 전문 지식뿐 아니라 교양 교육 역시 체계적으로 잘 갖추어져 있기 때문이다.[2] 왕작당 선생이 보기에 동아시아의 학문은 문과, 무과 시험과 같은 과거 제도를 통해서 그 전문성이 드러나는데, 문과의 경우 실무와 아무런 관계 없이 비체계적으로 경전을 많이 읽은 독서인들이 선발되기에 문제적이라고 지적한다.

　　1880년대 《한성순보》나 《한성주보》에는 이처럼 동아시아의 전통적인 학제를 부정하고 서양식 학제를 적극적으로 받아들여야 한다는 주장이 지속적으로 등장한다. 서양식 학교를 한반도에 설립해야 한다는 이 시기 사람들의 공통된 주장은 교육 평등으로, 모든 사람이 평등하게 교육을 받을 때 서양에 뒤지지 않는 문명개화한 국가가 될 것이라 믿었다.[3]

[2]　서양학제에 대한 설명은 왕작당 선생 이야기 말고도 여러 곳에서 등장한다. 「영국학도근황(英國學徒近況)」,《한성순보》, 1884년 3월 19일 등 참조.
[3]　《한성순보》위의 기사;「태서각국소학교(泰西各國小學校)」,《한성순보》, 1884년 3월 19일; 1884년 8월 31일;「광학교(廣學校)」,《한성

19세기 말 20세기 초 또 하나의 특징은 실학이란 말이 가치를 가지고 여기저기에서 등장한다는 것이다. 예를 들어 학교 이름을 양실(養實), 숭실(崇實)처럼 실제, 실용, 실질을 기르고 높인다는 의미로 짓기도 하고, 실업학교나 상업학교를 실학교라고 부르고, 교육의 목표를 실학으로 명시하기도[4] 했다. 한편 실학은 좁게 정의되기도 한다. 《한성순보》 1884년 3월 27일자 신문에 「이태리가 날로 성(盛)해지다」라는 제목의 기사가 실렸다. 이탈리아가 정부와 국민이 단합해 개화로 나가고 부강해질 수 있었던 이유를 실질적인 면에 주력했기 때문이라고 주장하는 동시에 "여기에서 실학이라고 하는 것은 바로 과학 한 가지 그것이다."라고 말한다. 이는 실학의 의미를 과학에 한정해 좁게 정의하는

주보》, 1886년 1월 25일; 「구주학교(歐洲學敎)」, 《한성주보》, 1887년 1월 24일.
[4] 「칙령제이십팔호(勅令第二十八號)」의 '상공학교관제', 《황성신문》, 1899년 6월 30일; 「칙령제삼십일호(勅令第三十一號)」의 '광무학교관제', 《황성신문》, 1900년 9월 7일; 「칙령(勅令)」 제16호 '농상공학교관제', 《황성신문》, 1904년 6월 13일. 이 관제들의 내용 및 대한제국기 실학 교육을 슬로건으로 사용하는 사례에 대한 구체적인 분석은 노관범, 「대한제국기 실학 개념의 역사적 이해」, 《한국실학연구》 제25호 (2013), 424~426쪽 참조.

사례 중 하나다.[5]

19세기 말부터 조선인들은 서양의 국가들을 지향해야 할 기준으로 두고 그 기준에 도달하기 위해 국가와 개인이 어떻게 실학을 할 것인지 고민하고 있었다.[6] 이때 실학은 허학(虛學)의 반대말로, 실용은 허명(虛名)과 대조되는 개념으로 이해되었다. 실학에 반대에 있는 허학으로 이제 유교, 성리학, 전통이 놓이게 되었다.

선교사들이 전도한 '실학'

그런데 서양의 학문과 학제가 동아시아에 처음 소개된 것은 17세기로 소급해 올라간다. 16세기 말 17세기부터 아시아 지역에 주목하던 예수회는 선교사들을 파견해서 천주교를 소개하고 전도했다. 그런데 동아시아에 들어온 예수회는 이 지역의 특징을 깨닫게 된다. 일반적으로 천주교 선교는 가장 낮은 계층에서 시작하는

[5] 《한성순보》 1884년 3월 27일.
[6] 대한제국기 실학이 근대를 표상하는 핵심 개념으로 사용되었다는 사실에 대해서는 노관범, 위의 논문 참조.

경우가 많은데, 동아시아에서는 이 방법이 잘 통하지 않는다는 것을 알게 된 것이다. 예수회는 지식을 중시하는 동아시아 사회에서 지식인 계층부터 공략하기로 한다.

지식인 중심의 선교는 유명한 마테오 리치부터 시작되었지만, 동아시아 지식인들에게 서양의 학제와 학문을 구체적으로 소개한 인물은 다른 예수회 선교사인 줄리오 알레니(Giulio Aleni)다. 1623년 출판한『서학범(西學凡)』이라는 책에서 그는 서양 대학에서 가르치는 학문의 분과를 문과, 이과, 의과, 법과, 교과, 도과로 나누어 소개한다.[7] 이 소개 중 흥미로운 것은 지금은 자연과학의 영역을 지칭하는 이과가 필로소피아(Philoso-phia), 즉 철학의 번역어로 선택되었다는 것이다. 사실 필로소피아는 철학과 자연학을 모두 포괄하는데, 성리학에서 이(理)는 원리를 의미하며 성리학이 윤리철학만이 아니라 자연학까지 포함하는 학문이기 때문이다.

예수회는 대학을 소개하는 데에 그치지 않고 유

[7] 『서학범』에 대한 연구로는 염정삼, 「명대 말기 중국의 서양 학문 수용: 『서학범』과 『명리탐』의 소개를 중심으로」, 《중국학보》 제63호 (2011) 참조.

럼 대학에서 사용하던 교재들도 번역했다. 아리스토텔레스의 『영혼론』, 『니코마코스 윤리학』, 『천체론』과 포르피리오스의 『이사고게』가 17세기 초반 예수회 선교사들에 의해 번역되어 출판된다. 또 동아시아인들에게 자신들의 학문이 유용하다는 것을 설득하기 위해 수학과 과학, 측량법, 기억법 등에 관한 책을 쓰고 지도와 지구본을 제작하기도 했다.

　재미있는 점은 예수회가 서양의 학문과 천주교를 소개할 때 '실학'이라고 말했다는 사실이다. 이들이 '실'이라고 말할 때 그 반대편에 있는 '허' 즉 공허한 학문은 불교와 성리학을 의미했다. 여기에서 허는 실용적이지 않다기보다는 이론적으로 오류가 있고 허황되다는 의미다. 이들에 따르면 성리학과 불교는 세계를 범주화하고 인간과 존재들을 분류하는 체계의 기준이 잘못되었으며, 그 결과 구체적인 사물의 원리나 존재의 특징에 대해 잘못된 규정을 하여 잘못된 윤리 규범과 신념 체계를 만들어 냈다. 요약하자면 17세기 서양인들이 서양의 학제와 학문을 동아시아에 소개하면서 동아시아의 학문을 비판할 때, 비판의 초점은 실용성에 있지 않았다. 이들은 논리적 오류, 원리를 추론하는 방법의 타당성, 분류의 기준과 같은 당시 서양 철학의 진리 판단 기준에 따라 동아시아의 학문을 비판한 것이다.

당시 동아시아 지식인들은 이와 같은 천주교의 비판을 반박하고 비판하면서 진정한 학문이 무엇인지에 대해 추상적 논의를 이어 갔다.[8] 그 과정에서 동아시아 지식인들은 예수회 선교사들의 의도와 달리 그들의 학문을 인문학 영역을 뺀 천문학이나 기하학, 기술 등만으로 규정했다. 그리고 그들의 학문이 실용적일지 모르지만 그것이 자신에게 충실하며(誠) 진실된(實) 학문일 수 있는지에 의문을 드러냈다.

예를 들어 성호 이익은 천주교를 비판하는 제자 신후담과의 대화에서 예수회의 학문을 옹호하는 발언을 한다.

내가 실용적이라고 한 것은 저『천문략』,『기하원본』

[8] 조선 유학자의 천주교 비판에 대해서는 신후담, 김선희 옮김,『하빈돈과 신후담의 서학변』(사람의무늬, 2014)를 볼 것. 17세기 중국 불교계와 유학자들의 천주교 비판은 양광선·이류사·남회인, 안경덕·김상근·하경심 옮김,『부득이: 17세기 중국의 반기독교 논쟁』(일조각, 2013); 서창치·우가이 테츠죠우 엮음, 안경덕·이주해 옮김,『파사집: 17세기 중국인의 기독교 비판』(일조각, 2018)을 참조.

등의 여러 서적 속에서 논한 천문·수리의 법을 취한 것으로, 이전 사람들이 발명하지 못한 바를 밝힌 것이니 세상에 크게 유익함이 있다.[9]

그리고 서양의 천문학, 기하학 등은 중국에서는 이전에 없던 것이고 방법론적으로 설득력이 있기 때문에 신뢰할 만하다고 주장한다. 이에 신후담은 서양인의 재주와 기술을 인정한다고 하더라도 그들의 학문이 어떤 면에서 뛰어나다는 것인지 알 수 없다고 의문을 제기한다. 과학기술이 과연 인간 삶과 사회에 윤리적 규범을 제공할 수 있는가? 사회가 아노미 상태가 되지 않도록 질서를 부여할 수 있는가? 과학기술의 추구가 도덕적 삶의 목적이 될 수 있는가? 신후담이 이런 질문을 던진 것은 그에게 진실한 학문이란 유용성으로 요약되는 것이 아니라 진실한 자아를 만드는 무엇이었기 때문이다.

[9] 신후담, 앞의 책, 46~47쪽.

왜 실용에 갈급한가

다시 19세기로 돌아가 당시 지식인들의 실용적 학문에 대한 갈급함을 떠올려 보자. 19세기 열강들 사이에서 국가의 미래를 장담하기 어려운 상황을 조금이라도 극복하고 보다 나은 국가를 만들기 위해서 서양식 근대국가가 될 필요가 있다고 판단한 당시의 지식인들은 과학기술을 중심으로 빠르게 서양 학문의 실용적인 부분을 흡수하려고 노력했다. 하지만 그 지식이 어떻게 구성되었는지, 지식의 전제는 무엇인지, 그 지식을 적용한 결과는 무엇일지 등에 대해서는 큰 관심을 보이지 않았다. 그 주장은 실용적인 교육이 결국 국가와 사회에 이익을 가져온다는 말을 반복하는 것 이상으로 나아가지는 않았다.

실용 교육을 통해 전문 지식인과 기술자들을 키워내면 국가가 부강해질 것이라는 주장은 막연한 경우가 많았다. 무엇보다 교육만 받는다고 전문적인 지식인이나 기술자가 될 수 없었고, 되더라도 원하는 직업을 가질 수 있는 것도 아니었다. 서양식 학교를 만든다고 해도 그 학제에 맞게 학문을 가르칠 사람이 부재한 현실

소진형

도 문제였다. 게다가 만약 실용적 학문 하나만 존재한다면, '실용적'이라는 말 자체가 무의미해질 것이다. 요컨대 실용적인 지식은 그 지식을 펼칠 수 있는 사회적 조건이 갖춰져 있을 때 유의미한 것이며, 다양한 학문적 영역이 공존할 때 비로소 '실용적'이라는 레테르가 붙을 수 있다.

'실', '실학', '실용적 학문'은 동아시아에서 몇백 년 동안 구태의연하고 진부한 학문을 비판하는 정치적 단어였다. 12세기에 주희는 아름다운 문장 쓰기를 정치라고 착각하는 기존의 정치가들을 비판하면서 실학이라는 말을 썼고, 사회의 변화가 절실하다고 생각했던 19세기 지식인들은 변화를 지체시키는 전통적 지식인들을 비판하면서 실용을 지향해야 한다고 주장했다. 그러나 실용적 학문은 배우기만 하면 실용성이 생기는 것이 아니라, 제도와 조건이 마련되어 있을 때에만 의미를 갖는 것이었다.

이렇게 볼 때 실용적인 학문을 지향하자는 주장이 막연하게 느껴지는 이유는 그 주장 자체로 개인과 사회의 더 나은 미래를 보장하지 않기 때문이다. 역사적으로 실용의 추구란 구태를 타파해 이상적인 상태로 가기 위한 동기를 부여하는 것인지 행복한 미래의 동의어였던 적은 없다. 아, 그렇다면 실용적 학문이란 얼마나 어렵고 모호한 것인가.

소진형

졸업하기 싫은 학교

황민호

황민호 옥천 주민, 옥천신문 대표, 사단법인 커뮤니티저널리즘센터 이사장. 삶터의 공론장을 만들고 풀뿌리민주주의를 지키는 것을 사명으로 삼아 더 변방으로, 더 낮은 곳으로, 더 소수자의 곁으로의 삶을 조금이라도 실천하고자 노력한다. 변방에서 변화가 시작된다고 믿으며 경계에서 꽃이 핀다고 생각한다.

[주요어] #지역언론 #민립대학 #지역재생
[분류] 사회학 > 지역학

"학교는 맨 처음 지역에서 만들었다.
동네 유지와 주민들이
힘을 모아 땅을 기부했고,
그 터 위에 학교가 세워졌다.
담장과 문턱이 없었고,
온 세대가 어우러져 학교 운동회를 즐겼다.
그런 의미에서 학교는
지역의 구심이었다."

방학이나 졸업을 싫어하는 학생을 본 적이 있는가? 안남 어머니학교 학생들은 학교가 "즐거운 배움터이자, 평생 빠지지 않고 가고 싶은 곳"이라고 말한다.

안남 어머니학교는 주민들이 뜻을 모아 세운 학교다. 안남면의 할머니가 한글을 배우고 싶어 보은까지 가는 데 어려움을 겪고 있다는 보도를 접한 것이 계기가 되었다.[1] 지역 학교의 필요성에 대한 주민들의 공감이 있었기에, 학교 설립은 빠르게 추진되었다.

매주 화요일, 금요일이면 학생들이 구름 떼처럼 모여들었다. 안남초등학교 학생 수가 40여 명인데, 80명

[1] 이용원, 「까막눈 김귀남 할머니의 한글 배우기」, 《옥천신문》, 2003년 2월 7일.

이 넘는 할머니 학생이 모였으니 구름 떼라는 말도 과장은 아니다. 할머니들은 학교에서 만남에 대한 갈증을 해소했다. 1990년대부터 면 지역 단위의 오일장이 서서히 사라지면서 만남의 장은 소멸되었다. 마을과 마을 사이 거리가 멀고, 드문드문 오는 시내버스에 의존했던 할머니들은 서로 만날 시간을 좀처럼 낼 수 없었다. 게다가 가부장제 문화가 여전히 남아 있는 농촌에서는 여자가 나다니는 것에 부정적인 인식이 있어 할머니들은 서로 마주할 기회가 거의 없었다.

학교가 문을 열면서 가장 소외되었던 농촌의 나이든 여성들이 자리를 잡기 시작했다. 안남 어머니학교는 농촌 지역의 할머니들에게 해방이었다. 할머니들은 학교에서 배움에 대한 열망과 서로 만나고 싶은 간절한 바람을 동시에 충족할 수 있었다. 학교는 할머니들의 지역공동체가 되었다.

학생들이 만드는 교육 현장

안남 어머니학교는 '한글학교'가 아니다. 한글을 모르면 창피하다는 인식이 퍼져 있는 터라, 학생들의 마음

황민호

을 헤아려 '어머니학교'라고 이름 지었다. 학교 선생님들의 직업도 공판장 주인, 목사, 토마토 농부, 여성 농민 등 참 다양했다. 안남 어머니학교에서는 선생님이 되는 데 자격증이나 학위가 필요하지 않다. 같이 모여 이야기를 나누고 계획을 세우고 실행에 옮기려는 마음이면 충분했다.

만약 정부나 지자체에서 문해 교육에 나섰더라면 출석 체크를 하고 시험을 보고 졸업장을 수여하는 과정을 밟았을 것이다. 그리고 무엇보다 '계몽'을 목적으로 할머니에게 지식을 주입하려 했을 것이다. 복지관에서 이루어지는 대부분의 한글 교육이 그렇다. 교육의 성과와 실적을 위해 선생님이 반장을 지목하고 관리하며, 주기적으로 시험을 보고 검정고시 응시를 독려한다.[2]

하지만 생활세계[3]에서 건사한 교육은 달랐다. 할

[2] 문맹이었지만 배움에 대한 열정으로 한글을 깨우치고, 중입 검정고시에 합격한 장년층에 대한 기사는 쉽게 찾아볼 수 있다. 최근에는 학력 인정 문해 교육 프로그램을 진행하는 지역이 늘어나고 있다. 경기도 화성시 가나다학교, 경상북도 양산시, 경상남도 거창군, 충청북도 음성군, 울산광역시 등에서 학력 인정 성인 문해 교육을 시행하고 있다.
[3] 국가와 시민사회에 대한 초기 하버마스의 이론화는 1980년대 초

머니들은 지역 학교의 수혜 대상에만 머무르지 않고, 학교를 운영하는 중심 주체로 거듭났다. 학생회를 만들고 학교 운영을 위한 회비를 걷었다. 체계상 교장이 있긴 했지만, 학교 행정의 구체적인 사항들은 교사 회의라는 공론장에서 할머니 학생회와 함께 논의했다.

학교의 핵심 구성원이 된 할머니들은 학교에서 우정과 연대를 쌓았다. 지역사회에서 마련한 식당에서 당번을 정해 식사를 하고, 텃밭에서 가져온 농산물을 나눠 먹었다. 매년 겨울, 도서관에서 열리는 행사에서는 사연을 나누며 마음의 짐을 덜어냈다. 요양병원이나 장례식장에 갈 때면 서로의 마음을 다독이며, 생의 끝자락을 바라봐 주는 사이가 되었다.

글을 모른다는 사실이 알려질까 두려워 학교에 나가길 주저했던 할머니들은 이제 누구보다 안남 어머니

반 의사소통행위이론에서 체계와 생활세계 모델로 이동한다. 하버마스는 근대화에 따른 시민사회의 내부 분화로 일어나는 현대사회를 경제체계와 행정체계로 구성되는 '체계'와 사적 영역과 공공 영역으로 구성되는 '생활세계'로 양분한다. 근대화의 진전과 고도화에 따른 체계의 복합성·강제성의 증대는 생활세계를 위협하는 병리 현상을 야기한다. 김호기, 「하버마스, 생활세계의 식민화에 저항하는 신사회운동」, 《월간참여사회》, 2000년 4월 1일.

황민호

학교를 자랑스럽게 여긴다. 관공서와 은행에 가기를 두려워하며 쭈뼛쭈뼛했던 할머니들의 모습은 이제 온 데간데 없다. 시혜와 돌봄의 대상, 사회적 약자로 여겨졌던 그들은 당당히 삶의 주인으로 일어섰다. 글을 배워서가 아니라, 서로의 삶을 보듬었기에 가능한 일이었다.

새로운 지역학으로 가자

안남 어머니학교의 성공은 장소성에 있다. 학생들은 옥천 지역의 특수성을 살려 삶에 밀착한 교육을 반겼다. 지역 대학의 지향점은 바로 지역학이다.[4] 단지 한 지역을 이해하는 차원을 넘어 지역공동체를 지속 가능하게 만드는 지역학. 이를 위해서는 그 지역 전문가를 양성할 수 있는 교육 환경을 마련해야 한다.

핵심은 가장 작은 생활권 단위에서 시작한다는 점

[4] 여기에서 지역학은 지역사회가 지역의 역사, 지리, 교육, 산업 등 제반 분야를 '학(學)'으로 제도화하여 연구하고, 지역 주민의 삶을 구체적으로 개선하는 실질적인 학문을 의미한다. 김상수, 「100개의 학(學)을 일으켜라. 살아 있는 지역학」, 《프레시안》, 2008년 8월 28일 참고.

이다. 농촌 지역의 생활권은 읍이나 면 단위로 나뉜다. 근래에는 오일장이 와해되면서 읍면 생활권이 무너지고 있지만, 지역 정서는 오랜 세월 면 단위에서 형성되어 왔다. 이는 사람들이 만나고 영향을 주고받으며 쌓은 지역공동체성이다. 그렇기에 새로운 지역학은 '안남학'처럼 각 면의 이름을 붙인 학문이어야 한다.

구체적으로는 다음과 같은 문제의식을 공유할 수 있어야 한다. 안남천의 환경오염을 막기 위해 실천해야 할 일은 무엇인가? 안남초등학교와 안내중학교 폐교를 막을 방법은? 안남면사무소 앞 광장의 효율적인 활용 방안, 안남 마을버스 발전 방향 등등 지역 속에서 연구해야 할 과제들은 수없이 많다.

삶의 문제, 지역과 마을의 문제를 해결할 수 있는 학문이 곧 지역과 주민을 위한 학문이다. 그러나 아직 갈 길이 멀다. 초등학교 3학년 교과서만 들여다봐도 지역에 대한 잘못된 지식, 정보가 그대로 실려 있는 것을 금세 발견할 수 있다. 지역 출신 화가가 그린 그림을 공부하고, 지역 관련 음악을 듣고, 학교가 터를 잡은 곳의 지리와 생태를 전문적으로 관찰하고 정리해야 한다. 역사, 예술, 과학, 문학 등 분야에서 우리는 장소성을

황민호

살린 교육을 상상할 수 있다. 수학 교과서에 '다음 도형의 둘레를 구하시오.'라는 밋밋한 문제 대신 '떡갈나무에 달린 도토리는 몇 개입니까?', '농암저수지의 지름을 구하시오.' 등 교실 창밖을 바라보며 풀 수 있는 문제가 실리는 일이다.

그래서 나는 구체적인 지역학을 고민한다. 온 삶이 교육이어야 하고, 온 생활 터전이 교육이 될 수 있다. 궁금증과 불편함을 겪은 주민들이 느슨하지만 끈덕지게, 엉성하지만 단단하게 직접 삶을 위한 학문을 만드는 것이다. 지역의 대학이나 연구소에서 컨설팅 사업의 일환으로 작성하는 보고서들은 탁상공론에 불과하다. 주민들이 발언할 수 없는 지역 세미나와 토론회는 공허하다. 연구자들이 주축이 된 지역 연구가 아닌, 주민들과 장소가 구심점이 되는 학문이 우리의 삶을 변화시킬 수 있다.

지역 언론이 수행하는 교육

그렇다면 지역의 담론은 어디에서 이루어질 수 있을까? 지역 언론은 풀뿌리민주주의의 초석이자 마지막

보루다. 흔히 말하듯 언론이 창 너머 세상을 보는 창이라면, 지역 언론은 삶터를 향한 거울, 자신을 들여다보는 거울이다. 지역 언론에서는 기사에 실어도 되는 문제와 나의 문제를 분리하지 않는다. 내가 겪는 문제를 곧 공동체의 문제로 여겨, 논의되어야 할 문제를 지면에서 소외시키지 않는다.

이러한 지역 언론의 특성은 대학 교육을 수행하는 초석이 된다. 비판적 사고와 공동체에 대한 관심으로 무장해 끊임없이 취재하고 글로 쓰기 때문이다. 주요 언론의 지면은 연예인 가십과 소모적인 정치인 이야기로 채워지기 일쑤고, 지역의 이슈는 쉽게 사장된다. 반면에 지역 신문은 민주주의를 담보한 언론이다. 생활의 문제를 해결하고, 지역에 대한 유용한 정보가 담겨 있으며, 일상 속 민주주의를 구현할 수 있는 솔루션 저널리즘[5]이다. 지역 신문은 자발적으로 이슈를 발굴해 새로운 담론을 형성한다.

[5] 문제 중심 저널리즘이 사회 문제를 폭로, 반복적으로 조명하는 것에 주목하는 반면 솔루션 저널리즘은 동일한 문제가 올바른 대응을 통해 해결된 구체적 사례와 그 증거를 독자에게 제시함으로써 문제에 책임이 있는 집단에게 무언의 압력을 줄 수 있는 준거점을 마련한다. 이규원·이미나, 『솔루션 저널리즘』(커뮤니케이션북스, 2021) 참고.

황민호

옥천에는 700명에 달하는 공무원이 있고 군의원 여덟에 도의원 둘, 군수, 지역구 국회의원 등 열두 명의 선출직 공무원이 있다. 이들을 주축으로 매년 6000억 원에 달하는 군 예산이 편성되고, 의회를 통해 예산이 통과되거나 삭감된다. 지방자치라 해도 대표자를 선출하기만 할 뿐 어떤 정책이 시행되는지 그때그때 알 수 없다면 이는 가짜 자치, 가짜 민주주의다. 의회 영상이 공개되긴 하지만, 홈페이지에 접속하는 사람도 이를 시청하는 사람도 거의 없다. 지역 언론은 실제로 돌아가는 상황을 여과 없이 보여 준다. 옥천신문 기자는 언제든 군의회 방청석에 앉아 있는 유일한 사람이다. 주민들은 옥천신문을 읽고, 피드백을 하고, 관련 정치인과 직접 소통한다.

1989년 창간한 옥천신문은 32년 동안 오로지 '저널리즘'으로 승부를 걸었다. 지역에 뿌리내린 역사를 바탕으로 옥천신문은 학교를 세웠다. 더 많은 청년을 지역 신문의 기자로 불러모으고, 지역의 담론을 활성화해 지역 신문의 새로운 모델로 발돋움하기 위해 옥천저널리즘스쿨을 열었다.

옥천저널리즘스쿨은 옥천에 새로운 장을 제공하

며 종국에는 지역이 재생되는 미래를 꿈꾼다. 그래서 옥천저널리즘의 예비 기자들은 현장에서 부딪쳐 가며 옥천이라는 특수성과 지역, 농촌이라는 보편성을 동시에 배운다. 지역의 메커니즘과 직업 교육을 현장에 살며 배우는 것이다.

삼선재단과 서울시에서 제공한 인프라 덕분에 옥천저널리즘스쿨의 구체적인 모습을 그릴 수 있었다.[6] 처음에는 지역 신문발전위원회 제안사업으로 풀뿌리 청년언론학교를 1주간 기획했다. '학교'라는 이름에 걸맞게 전체 커리큘럼의 80퍼센트를 강좌로 구성했지만, 강좌보다 실전 취재, 동행 취재 수업이 좋았다는 수강생들의 의견을 따랐다. 이를 바탕으로 2021년 연 옥천저널리즘스쿨에는 2019년에 18명, 2020년에 20여 명

[6] 옥천신문에서는 2019년부터 삼선재단의 청년 지역활동가 인턴십을 운영하고, 2020년부터는 서울시 청년허브와 함께 '별의별 이주기자'를 운영했다. 삼선재단 청년 인턴쉽은 1년 동안 청년 기자들에게 매월 50만 원을 지원하며 청년들이 지역에서 다양한 경험을 하며 자신이 할 수 있는 일을 찾아보도록 탐색하는 시간을 제공했다. 서울시 청년허브의 별의별 이주기자는 2주 동안 숙식비와 기획비를 제공하며 지역 신문 기자를 경험하는 시간을 제공하였다. 옥천신문은 이 프로그램을 계기로 게스트하우스까지 마련하였고, 최근에는 옥천캠퍼스와 청산캠퍼스 두 곳을 운영할 정도로 규모를 확대했다.

황민호

의 인원이 거쳐 갔다.

그러나 지역 언론의 이상적인 모델을 유지하기 위해서는 지역 차원의 사업에 머무를 수 없다. 장기적으로 청년들이 모여 언론을 조직하려면 옥천저널리즘스쿨을 정식 교육 과정으로 '인정'받고 외부와 교류를 늘리는 것도 중요하다.[7]

옥천이 지리적으로 남한의 중심인 만큼, 옥천저널리즘스쿨은 옥천을 지역 언론의 근거지로 만들자는 큰 꿈에서 시작한 프로젝트다. 지역 언론인을 꿈꾸는 청년들을 길러 내어 민들레 홀씨처럼 전국에 흩뿌려 보자는 기획으로 시작했지만, 두고 볼 일이다. 지역 신문 하나 없는 곳도 태반이며, 온라인에서 떠도는 자료들을 그대로 복사한 뉴스만 보면서 생활하는 주민이 과반수다. 언론은 여전히 공급자 중심의 뉴스 체제에서 복무하며 주민들의 눈과 귀와 입을 가린다.

플랫폼이 유행을 선도하고, 뉴미디어가 매일같

[7] 현재 옥천저널리즘스쿨은 충남대학교, 동국대학교와 학점인정 인턴십 교류를 하고 있고, 제천간디학교, 금산간디학교와 1~3개월에 걸친 진로캠프를 여는 등 비정기적 교육 과정도 열고 있다. 경력을 취업이나 창업에 연결하는 방법들도 염두에 두고 있다.

이 새롭게 나타난다고 해도 지역 생활 정보는 간과할 수 없다. 당근마켓이 생활 권역 시장을 열고 배달의민족 같은 온라인 플랫폼 서비스가 지역 시장을 잠식해도 지역 언론은 대체되지 않는다. 지역의 이야기는 지역에 사는 사람만이 제대로 쓸 수 있기 때문이다. 지역 신문이 각자의 삶터에 뿌리내리고, 전국적 네트워크를 형성하게 된다면 문화의 다양성이 확보되고 언론의 새 패러다임이 펼쳐질 것이다.

지역 신문은 오늘의 지역을 기록하는 역사다. 사람들로부터 시작되는 관계형 언론이라는 점에서 지역 신문이야말로 초창기 언론의 원형에 근접하다. 옥천저널리즘스쿨은 단순한 언론인 양성 기관이 아니다. 지역 생활의 문제를 짚어 내고 대안을 끊임없이 고민하는 '민립대학'의 역할을 수행한다. 비판적 사고로 지역 문제에 접근하고, 담론을 주도적으로 형성하여 해결책을 찾는 진정한 시민을 길러 내는 대학이다.

황민호

태어난 곳에서
계속 살아가려면

학교는 맨 처음 지역에서 만들었다. 동네 유지와 주민들이 힘을 모아 땅을 기부했고, 그 터 위에 학교가 세워졌다. 학교 운동회는 지역 축제와 다름없었다. 담장과 문턱이 없었고, 온 세대가 어우러져 학교 운동회를 즐겼다. 그런 의미에서 학교는 지역의 구심이었다. 학교는 동문수학했던 선후배 동기들을 묶는 끈이었다. 하지만 1990년대부터 지역의 학교는 급격하게 쇠락의 길을 걸었고, 학생 수가 줄어들면서 폐교 위기에 직면했다. 학교 설립을 위해 지역에 기부했던 부지는 마을로 환원되지 않고 교육청 재산에 귀속되어, 지금은 일부를 매각하거나 임대사업에 사용되고 있다.

지역의 학교는 통폐합되면서 더 커졌고 그만큼 체계화되었다. 하지만 주민들이 학교 담장 안의 소식을 접하는 일은 적어졌고, 학교 시설을 이용하는 일은 거의 사라졌다. 어린이 청소년이 매일 긴 시간을 보내는 학교에 대한 관심은 자연스레 옅어졌다. 지역 청소년들에게 학교는 열악하고 피폐해진 농촌을 벗어날 유일한 탈출구가 되었다. 온갖 미디어와 학교에서는 사실 상 지역 농촌을 어떻게 탈출할 것인가를 가르친다.[8] 대학은 그 종착지인 셈이다.

불행히도 오늘날의 학교 교육은 장소성을 잃었다. 정부, 시도교육청, 지역교육청, 일선 학교까지 수직 위계체계로 운영되는 중앙중심적인 국가 교육은 지역의 고유한 문화를 소거해 왔다.

그래서 나는 지역 재생의 대안으로 지역의 풀뿌리 대학을 제안한다. 지역을 공부하고, 지역의 담론을 생산하고, 지역의 사람들이 지역 이야기의 주체가 되는 삶을 학교에서 시작하고자 한다. 지역의 대학이 지역의 일자리를 만들고, 지역에서 삶을 꾸리는 근간이 될 것이다. 삶에 뿌리내리는 교육을 지역에서 시작해 보자.

---

[8] 옥천고는 서울대 진학률, 옥천상고(지금의 충북산업과학고)는 삼성과 LG 등 대기업 생산직과 제1금융권에 취업률이 중요한 평가 잣대로 적용된다. '공부 못해서 농사나 지을래?', '그러다가 공장이나 식당에서 일해.' 등 비수도권 지역과 직업군에 대한 멸시를 담은 말을 하는 교사들은 아직도 있다. 지역에 사는 주민, 학부모, 교사 모두 서울과 도시의 식민지인으로 현실을 인정하고 다양한 양태로 표출하면서 학생들은 이를 쉽게 내화하며, 미디어에서도 이를 여러 양태로 반복적으로 보여 준다. 황민호, 「터무니 있는 교육을 생각한다」, 《한겨레》, 2017년 10월 25일.

대학
안팎에서의
역사학

현숙진

현수진   성균관대 사학과 박사과정 수료. 고려 시대 유학 정치사상사를 연구하고 있다. 중세인들의 낯선 삶에 관심이 많다. 만인만색연구자네트워크에서 팟캐스트 「만인만색 역사공작단」을 제작하고 있다. 함께 지은 책으로 『만인만색 역사공작단』, 『달콤 살벌한 한·중 관계사』, 『한국에서 박사하기』가 있다.

[주요어] #공공역사 #역사콘텐츠 #한국사

[분류] 역사학 > 국사학

"'서술하되 창작하지 않는다.'
술이부작(述而不作)의 원칙은
지금도 유효하다.
학문으로서 역사를
대하는 사람들의 사고는
그것과 매우 가깝다."

"고려 시대에는 여성과 남성이 평등하고 여성의 지위가 높았다면서요?" 고려 시대를 전공한다고 할 때 내가 가장 많이 받는 질문 중 하나다. 이 당시 여성은 이혼과 재혼을 할 수 있었고 부모의 재산을 남자 형제와 똑같이 나누어 상속받았다. 외손이 친손과 함께 돌아가며 조부의 제사를 지냈고, 남성이 여성에게 장가든 뒤 처가에서 장인·장모와 함께 거주하는 솔서혼(率婿婚) 풍습도 존재했다. 이렇게 본다면 고려 시대는 많은 사람들이 질문하는 대로 여성의 지위가 상당히 높은 사회였던 것 같다.

하지만 나는 역사가로서 이 질문에 바로 '그렇다'고 답할 수 없다. 고려 시대 당시에는 '평등', '여성의 지위', '인권'과 같은 개념이 존재하지 않았다. 옛이야기를 현재의 시선에서 해석하는 대중 미디어의 방식과 달리 역사가는 과거의 기록, 즉 사료에 근거하여 새로운 역사 지식을 생산한다. 역사가들은 사료를 엄밀하게 탐구해 사료 곳곳에 남겨진 과거인들의 목소리를 있는 그대로 들으려고 노력하고, 그렇게 찾아낸 과거 인물과 사건과 사회의 특징을 동시대를 살아가는 사람들에게 고스란히 보여 주려 한다. 대학 밖에서 말하는 '역사'와 대학 안에서 말하는 '역사 연구'에는 분명한 차이가 있다.

과거의 언어, 나의 언어, 역사가의 언어

대학의 본질 중 하나는 새로운 지식을 생산하는 것이고, 그것은 대학에 속한 역사가에게도 다르지 않다. 역사가들에 의해 생산된 역사 지식의 타당성을 판단하는 기준에는 여러 가지가 있지만 많은 역사가는 '역사가가 연구 대상이 되는 당대 사람들의 삶과 생각을 얼마나 제대로 복원했는가?', '당대 사회의 특징을 얼마나

현수진

제대로 포착했는가?'라는 질문이 중요하다는 데 동의할 것이다. 역사가가 이 질문을 해결하기 위해 부딪히는 첫 번째 관문은 바로 언어다.

대개 역사가들이 사용하는 언어와 그 연구 대상이 사용하는 언어는 서로 다르다. 2023년을 살아가는 나는 한국어를 쓰지만 내가 보는 사료는 과거 사람들이 사용한 한문으로 적혀 있다. 역사가와 그 연구 대상의 시공간이 어느 정도 가깝더라도 상황은 다르지 않다. 같은 한국어 단어를 쓰더라도 언제, 누가, 어디서 말했는가에 따라 다른 의미와 맥락으로 사용되는 경우가 부지기수이기 때문이다. 역사가의 언어와 연구 대상이 사용하는 언어가 다르고 복잡할수록 사료를 핍진하게 이해하는 데 어려움이 생긴다. 그래서 과거를 있는 그대로 이해하려는 역사가들은 사료에 나타난 당시 사람들을 자의적으로 해석하지 않도록 노력한다.

고려 시대 연구자들은 당대 지식인의 필독서였던 사서오경과 『장자』와 각종 불경을 독해하고, 그들이 남긴 기록과 문집을 파고든다. 예전 역사가들이 남긴 연구를 이해하기 위해 일본어·중국어·영어를 공부하고, 수천 편의 논문과 책을 읽는다. 이는 모두 지금과 다른 시공간을 살았던 사람들의 언어를 이해하고 이를 통해 그들의 삶과 생각을 탐구하기 위한 노력의 일환이다. 역사 연구의 전문성은 여기에서 시작된다.

　　과거를 있는 그대로 이해하려는 역사가들은 과거인의 실상에 가까워지려는 노력만큼이나 현실의 나와 역사가로서의 나를 구분하려 한다. 현실의 나는 페미니스트로서 현대의 페미니즘을 말할 수 있고 말하고 싶다. 그러나 역사가로서의 나는 '고려 시대의 페미니즘'을 거론할 수 없다. 현실의 나는 페미니즘이 우리가 나아가야 할 바람직한 방향이라고 생각하지만 그것은 현재를 살아가는 나의 바람일 뿐, 과거 고려인들의 삶에 존재했던 개념이 아니기 때문이다. 시간은 미래를 향해 나아갈 뿐 과거를 향해 돌아갈 수 없으므로 현재의 역사가인 나는 그 시기에 결코 존재하지 않았던 페미니즘이란 개념을 고려 시대 연구에 적용할 수 없는 것이다. 현재를 소환하여 해석한 과거는 현재가 소환되는 그 즉시 역사성을 잃어버리고, 역사는 현재를 위해 도구화된다.

　　역사는 하나의 명분이 될 때 특정한 해석에 동의하지 않는 사람들을 배제하고 공격하고 억압하는 기제

　　　　　　　　현수진

로 작용할 수 있다. 2013~2015년 박근혜 정권이 한국사 교과서의 국정화를 추진했을 때 역사학계가 목소리를 모아 반대했는데, 이는 국가 권력이 역사 해석을 독점하는 것을 경계하기 위해서였다. 우리는 역사 해석이 국가 권력에 의해 독점되었을 때 나타나는 비극을 제주 4·3 사건이나 5·18 광주 민주화운동에서 봐 왔다. 국가 권력에 의해 수많은 민간인이 학살당한 사건들에서 국가 권력의 명백한 피해자였던 해당 지역민들은 또다시 빨갱이로 규정됨으로써 정치적·사회적 소외와 배제, 차별을 겪고 있다.

동아시아 문명에 존재한 거의 모든 역사서의 전범이 된 『춘추(春秋)』를 저술했다고 알려진 공자는 역사 서술에 관해 "술이부작(述而不作)"이라는 원칙을 천명했다. "(과거의 일을) 서술하되 (서술자가) 창작하지 않는다."라는 뜻의 그 원칙은 지금도 유효하다. 학문으로서 역사를 대하는 사람들의 사고는 그것과 매우 가깝다.

공공역사,
대학 밖으로 나가는 실천

우리가 평소에 마주하는 수많은 역사 콘텐츠는 역사를 적극적으로 도구화한다. 대학과 학문이라는 경계를 넘는 순간, 역사는 현재를 소환하는 데 거리낌이 없다. 그중 한국에서 가장 인기 있는 역사는 뭐니 뭐니 해도 민족주의적 시각에서 재서술해 낸 역사다. 인기 역사 강사이자 베스트셀러 작가인 설민석은 전 시대사를 막론하고 한반도의 모든 역사를 '위대한 우리 조상'이라는 하나의 서사로 결론짓는다.[1] 한민족의 우수함을 보여 주는 이런 서사는 역사의 첫 번째 효용으로 인식되기도 한다.

한민족의 우수함을 보여 주는 역사적 소재는 다큐멘터리와 예능 프로그램에서, 드라마와 영화에서, 소설과 웹툰에서 늘 잘 팔린다. 만주 벌판을 달린 광개토대왕과 유례없는 언어 표기 시스템 한글을 발명한 세

---

[1] 김재원, 「소셜 미디어(Social Media)에서의 한국사 콘텐츠 생산과 판매: 팟캐스트(Podcast)와 유튜브(YouTube)를 중심으로」, 《한국사연구》제183권(2018), 11쪽.

현수진

종대왕 등이 그 사례다. 이와 반대로 안중근이나 3·1 운동으로 대표되는, 한민족의 아픔을 보여 주는 인물이나 사건도 대학 밖 역사의 단골 소재다. 민족주의적 역사 서술이 이렇게 인기가 많은 까닭은 2023년 한국을 살아가는 우리가 스스로를 백 년 전, 오백 년 전, 심지어 오천 년 전을 살아갔던 인물들과 '같은 민족'으로 동일시하기 때문이다. 그러나 과거인들에게는 '민족' 혹은 '민족주의'라는 개념이 존재하지 않았고, 설령 백 년 전 사람들이 같은 단어를 썼다 해도 그건 지금 우리의 관념과는 달랐다. 우리는 끊임없이 현재의 관념을 과거에 투사하고 있고, 과거인들은 그들이 생각지도 못한 부분에서 터무니없는 오해를 뒤집어쓰고 있다.

본래 민족주의적 역사 서사는 해방 이후 일제의 식민사학을 극복하기 위한 한국의 역사가들에 의해 만들어졌다. 그 역사적 소명을 다한 이후에는 단선적이고 목적론적인 민족주의적 역사 서사를 극복하기 위해 오랜 기간에 걸쳐 상당한 학문적 노력이 기울여졌다. 그러나 대학 바깥에서는 '과거를 그 자체로 탐구하기 위한 역사'가 여전히 낯설다. 대학 안팎에서 이루어지는 역사 행위의 장이 너무 다르고 그 장 간의 소통이 원

활히 이루어지지 못했기 때문이 아닌가 한다.

　이런 단절이 우리나라에서만 발견되는 것은 아니다. 미국에서는 1970년대, 유럽에서는 1980년대부터 대중이 역사에 큰 관심을 보이며 역사 전시, 역사 영화, 역사 관련 서적, 역사 잡지 등 다양한 형태의 역사 지식과 서사를 보고 즐기는 '역사 붐'이 일어났다.[2] 그러나 학계는 대중들의 역사에 대한 관심에 제대로 응답하지 못했고, 이 상황을 타개하기 위해 공공역사(public history)라는 개념이 대두되었다. 공공역사 개념은 거칠게 말하자면 대학 바깥에 존재하는 공중(公衆)을 대상으로 하는 다양한 종류의 역사 생산 및 실천을 의미한다.[3] 학교의 역사 교육과 박물관의 역사 전시, 역사 다큐멘터리와 사극, 유튜브의 역사 콘텐츠까지 공공역

[2]　마르틴 뤼케·아름가르트 췬도르프, 정용숙 옮김, 『공공역사란 무엇인가』(푸른역사, 2020), 17~21쪽.
[3]　공공역사의 개념과 분류, 실천 사례 등에 대해서는 다음 글을 참조하라. 제롬 드 그루트, 이윤정 옮김, 『역사를 소비하다: 역사와 대중문화』(한울아카데미, 2014); Sayer, Faye, *Public History: A Practical Guide*(2nd Edition)(Bloomsbury, 2019); 마르틴 뤼케·아름가르트 췬도르프, 정용숙 옮김, 『공공역사란 무엇인가』(푸른역사, 2020); 이하나, 「공공역사 논의의 한국적 맥락과 공공역사가들」,《역사비평》제136호 (2021) 등.

　　　　　현수진

사가 포괄하는 범위는 매우 넓고 다양하다. 공공역사는 학계가 독점하던 역사 지식 및 생산의 독점적 권위를 해체하고 역사의 민주화를 추구한다.

공공역사는 대학 안팎의 극명히 다른 역사 실천 및 인식의 거리를 좁히는 관점으로 기능할 수 있다. 공공역사의 개념이 한국에 소개된 것은 최근이지만, 한국에서도 오래전부터 '역사 대중화'라는 형태로 학계의 역사 연구 성과를 시민 사회에 전달하려는 시도가 이루어져 왔다. 그러나 이런 시도는 권력의 역사학에서 시민의 역사학으로의 전환[4]을 성공적으로 이뤄 내지 못했고, 역사가들이 대중을 계몽해야 할 대상으로 보고 있다는 비판을 낳았다.[5] 반면 대학 바깥에서 이루어진 역사 서사는 역사학이 새롭게 발견한 사실이나 기존과 다르게 해석한 역사에 주목하지 않음으로써 민족주의적 역사 해석을 벗어나지 못하는 보수성을 갖게 되었다.[6] 이런 과정에서 대학 안팎에서 수행되는 역

[4] 임지현, 「권력의 역사학에서 시민의 역사학으로」,《역사비평》제46호 (1999).
[5] 손석영, 「'공공역사'에 기초한 학교 역사교육으로의 변화 가능성 탐색」,《역사와교육》제33호(2021), 431~432쪽.
[6] 김정인, 「역사소비시대, 대중역사에서 시민역사로」,《역사학보》제241호

사 실천은 서로 너무나 다른 성격을 띠게 되었다.

역사가가 전하는
충선왕 이야기

2016년에 결성된 신진 역사 연구자들의 모임 만인만색 연구자네트워크(이하 만인만색)는 대학 안 역사가들이 대학 바깥으로 나가 공공에서의 역사 실천을 도모하는 사례다. 만인만색은 학계에서 생산된 역사학 연구 성과를 팟캐스트와 유튜브 콘텐츠 등으로 재구성해 왔고, 나는 이곳에서 2017년 말부터 활동하고 있다. 역사가로서 공공역사의 실천 행위는 고도의 전문성을 갖춘 역사 지식을 대학이라는 울타리를 넘어 확산시킴으로써 공중과의 소통을 시도하고, 이를 통해 학계에 자리 잡기 어려운 신진 연구자들이 설 자리를 만들고자 하는 학술 운동의 일환이다.

만인만색이 제작한 팟캐스트 「만인만색 역사공작단」은 역사가의 정체성을 그대로 살린 채 역사 콘텐

(2019), 2~3쪽.

츠를 제작한다. 역사공작단은 역사가들이 사료를 근거로 역사 서사를 형성하는 과정이나 때로는 같은 사료를 두고 충돌하는 해석을 고스란히 보여 준다. 팟캐스트 438화 '고려인인가 몽골인인가, 야심가 충선왕의 성장기'와 439화 '아버지의 왕위를 계승 중입니다만?!'은 고려 원간섭기 국왕 중 한 명인 충선왕의 생애를 재구성한 회차다. 충선왕은 교과서에서 부각되는 인물도 아니고, 대중들에게 그렇게 유명한 사람도 아니다. 2017년 MBC 드라마 「왕은 사랑한다」 시청자라면 사랑을 위해 권력을 쟁취하고자 한 인물 정도로 기억할까.

민족주의적 시각으로 역사를 해석하는 경향이 있었던 예전 역사학계에서는 충선왕을 원나라에 반대하는 반원(反元) 정책을 펼쳤던 인물로 이해했다. 그러나 최근 연구들에 따르면 충선왕은 결코 반원적일 수 없었다. 그는 고려 태조의 후손이자 원나라 황제 세조 쿠빌라이의 외손자로서, 즉 고려인이자 몽골인으로서 두 나라를 넘나들며 차기 원 황제를 옹립하는 데 큰 공을 세우기까지 했던 정치가였기 때문이다.

또 충선왕은 1298년 아버지인 충렬왕이 살아 있

을 때 그를 제치고 즉위하였으나 7개월 만에 원나라에 의해 폐위되었는데, 과거에는 그 이유를 충선왕의 반원적 성향으로 해석했다. 최근의 사료 해석은 이와는 좀 다르다. 사료에 따르면 충선왕은 아내였던 원나라 공주 부다시린과 잠자리를 갖기 싫어했다. 그러자 부다시린 공주는 이것이 충선왕의 고려인 왕비이자 당시 권세가 조인규의 딸인 조비(趙妃) 때문이라고 생각하여 원나라 태후에게 "조비가 공주를 저주해 왕이 (저를) 사랑하지 못하도록 합니다."[7]라는 편지를 보냈다. 그 결과 원나라에 의해 조인규 일가는 축출당하고 충선왕은 폐위되고 말았다. 즉 충선왕의 폐위는 충선왕과 부다시린 공주 사이에서 일어난 사적인 일이 고려와 원나라 사이의 국제 관계라는 공적인 일로 전환되면서 발생했을 가능성이 있는 것이다.

'역사하기'에 참여하기

팟캐스트 청취자들은 이 과정에서 '역사하기'에 참여한

[7] 『고려사절요』 권22, 충렬왕 24년 4월.

다. 그들은 팟캐스트를 듣고 감상과 비평을 남기고, 새로운 해석을 제기하며, 새로운 주제를 발굴한다. '역사하기'란 역사 지식을 수동적으로 즐기는 것을 넘어서 역사에 관한 새로운 관점과 지식과 해석을 구축하는 모든 행위를 말한다. 사료를 통해 충선왕에 관한 새로운 지식을 생산하는 것까지가 대학 안 역사가들의 일이라면, 공공역사의 실천 주체들은 새로운 지식을 소개하거나 감상하거나 그에 대한 또 다른 해석을 제기한다.

위 방송에 대해 한 청취자는 명백하게 출산을 위한 관계가 필요한 사이에서 충선왕이 이를 거부한 이유는 고려인과 몽골인의 혼혈인 자신보다 혈통적으로 완전한 부다시린에게 열등감을 느꼈기 때문이 아닐까, 또 부다시린 공주가 조비를 무고한 게 충선왕의 섹스 거부가 합리적·정치적 이유로는 설명이 안 됐기 때문이 아닐까라는 해석을 남겼다.[8] 방송을 들으면서 사료의 빈 공백을 나름의 상상으로 채워보며 '역사하기'를 실천하는 것이다. 어떤 청취자는 고구려왕 복식에

[8] 만인만색 역사공작단, 「439화 아버지의 왕위를 계승 중입니다만?!(feat.혼혈왕자 충선왕)」, '김물루'의 댓글, 2022년 12월 7일.

관한 사료를 토대로 고구려왕의 복식을 디지털 이미지로 구현하기도 하고,[9] 또 다른 청취자들은 일본 개항기의 역사, 소현세자 독살설과 같은 새로운 방송 주제를 제안하기도 한다. 공중의 역사 실천은 다시금 팟캐스트 제작에 영향을 미친다. 우리는 청취자들의 제안에 따라 방송 주제를 정하기도 하고 청취자들의 흥미를 위해 새로운 사료를 발굴하기도 한다. 그런 의미에서 만인만색의 역사 콘텐츠는 '역사 대중화'와 '공공역사' 그 사이 어디엔가에 서 있다.

사실 많은 청취자들은 역사공작단이 역사를 풀어가는 방식을 매우 낯설어한다. 만인만색의 역사 콘텐츠는 다른 콘텐츠와 달리 역사에 대한 개인적인 교훈 한 스푼을 끼얹어 주지 않는다. 역사공작단 방송이 매회 적게는 1만에서 많게는 10만 재생 수를 기록하지만 그 이상 확장되지 않는 데에는 그 이유가 자리한다고 본다. 게다가 과거인들의 시선을 보여 주기 위해서는 그만큼 긴 호흡의 논리와 서사가 필요하기에, 20~30초 이내 짧은 형식의 쇼츠나 릴스가 대세인 최신 미디어

[9] 만인만색 역사공작단, '삼한일통'의 댓글, 2022년 11월 7일.

콘텐츠와 태생적으로 궁합이 좋지 않다. 결국 역사가들에게는 역사의 교훈을 제시하지 않고 역사의 서사 그 자체를 보여 주는 방식이 왜 즐겁고 재미있는지 설득해야 하는 과제가 있는 셈이다. 나는 역사가로서 우선 사료에 철저히 기반하여 과거상을 재구성하는 데 힘쓸 것이고, 대학 내에서 생산된 역사 지식을 공공의 장에 풀어놓고자 기꺼이 내 노력을 다할 것이다. 역사를 이야기 자체로 즐기든, 역사를 해 나가는 과정에서의 논리적 사고와 창의성을 즐기든, 역사적 교훈을 찾아 개개인의 삶의 자산으로 전유하든, 스스로 역사를 새롭게 재구성하든 그건 역사를 향유하는 모든 주체의 자유로운 사고와 감상에 달렸다.

아 다르고
어 다른
세상에서

유리관

유리관   일해야 한다, 일하고 싶다, 일하기 싫다 사이에서 흔들리는
출판노동자. 생계 외 마음의 보전을 위한 취미로 읽기와 쓰기를 하며,
문예계 팀 블로그 곡물창고(gokmool.blogspot.com)에서 사이버
창고관리인으로도 일하고 있다.

[주요어] #교정교열 #학문과문장 #개입
[분류] 국문학 > 비평

"아 다르고 어 다른 세상에서,
나 교정공이란 이를테면 사라지고 있다.
아와 어의 다름도 점차 사라지는 듯,
아와 어가 다르지 않다고 우기는 사람들과
어와 어가 다르다고 우기는
사람들 사이의 다름도
사라지는 중인 것만 같다."

나는 절망한 교정공이다. 정확히 쓰자면 절망했던 교정공이다. 이제 그런 시기는 지나갔다. 이 일에 대한 나의 마음은 언제부터인가 결딴이 나 버렸기 때문에 이젠 괜찮다. 우리 사랑하는 교수님들의 원고를 교정하다가 이렇게 된 것이다.

아무 탓할 것이 없다. 다 나의 탓이다. 교수님들께 아무 말도 하지 못한 나의 탓! 만약 교수님들께 한마디 전할 수 있다면 뭐라고 할까? 지난 몇 년 동안 여기에서 일하며 그런 순간을 자주 상상해 봤다. 교수님들께 감히 한 말씀 올리는 순간. 하지만 내가 정말로 하고 싶은 일이 무슨 간절한 말씀 한마디 드리는 건가? 잘 모르겠다. 말이 왜 필요하지? 교수님들께 얼차려를 드리고 싶을 뿐 아닌가? 오, 교수님들, 이쪽으로 모여 주세요! 여기 줄 맞춰 보세요! 하나에 교수도, 둘에 사람이다! 그 왜 요즘은 다들 누군가에게 얼차려를 주고 싶어 하지 않나? 안 된다면 자기 자신에게라도. 내가 나 자신에게 되뇌는 말. 하나에 교수도, 둘에 사람이다! 나는 무슨 신세 한탄을 하려는 것은 아니다. 아니어야 할 것이다. 그렇다면 도대체 무슨 얘기를?

학문과 문장

내가 하루 종일 들여다보는 책들은 대개 대학 학부의 교재다. 번역서도 있고 저서도 있다. 이걸 정말 교재로 쓰는지 어쩌는지는 모른다. 머리말에서 쓴다 하니 쓰는가 보다 할 따름이다. 쓴다고 해도 안 쓴다고 해도 나는 묘한 기분에 휩싸인다. 내가 교정한 책이 책꽂이로 들어가 몇 해 묵은 다음 중고로 팔리거나 폐지로 버려질 때까지 절대 펼쳐지지 않는 상상을 가끔 해 본다. 그것은 고통스럽다. 학생들이 책에서 말도 안 되는 오류를 발견하는 쪽이, 그래도 그보다는 낫다. 그 학생은 교수님께 이 책의 여기 이 부분이 도대체 어떻게 된 노릇

인지 물어볼 수도 있다. 그러면 교수님은 출판사 탓을 하면 된다. 나라도 출판사 탓을 할 것이다. 너무 짜릿한 상상, 강단에 서서 이 책의 어느 부분이 어떻게 틀렸는지 설명하는 우리 교수님들에 대한 상상! 내가 눈에 특별히 불을 켜고 교정해야 하는 역·저자 소개를 보면, 이분들은 모두 어디에서 무엇을 하셨고 무엇을 옮기셨고 무엇을 쓰셨고 무엇을 받으셨고…….

그런 훌륭한 우리 교수님들, 자신이 쓴 원고에 마땅히 대여섯 전문가 정도가 일거에 달라붙어 최상의 결과물을 만들어 내리라 여기시는 듯한 일부 교수님들의 상상과 달리, 나 한 명의 교정공은 보통 두어 권의 교재를 동시에 본다. 한 권이 500쪽쯤 된다 치면 50쪽씩 10개 장, 대여섯 교수님들이 두 장씩 나눠 맡으므로 나는 열댓에서 스무 분 교수님들의 원고를 한 번에 늘어놓고 보는 셈이다. 그렇게 늘어놓고 보면 교수님들 사이의 문장 수준에 차이가 있다. 아마 A부터 F까지 점수를 매길 수도 있을 것이다. 그중에는 잘 쓰고 못 쓰고를 떠나, 정녕 이 문장을 한국 최고의, 뭐 최고까지는 아니더라도, 교양 지성인이라는 이가 썼단 말인가 싶은 그런, F조차 아까운 경우도 있다. 어떻게 이런 일이 있을 수 있을까, 이 나라 학문의 미래는 어떻게 되는 건가, 도저히 믿을 수 없지만, 교수님이 보내는 이메일이나 메모 따위를 함께 살펴보면, 이것은 이 교수님의 문장이 분명하다. 아마도 한국어에 원래 서툰 분이시거나, 원래 학문과 문장은 아주 별개인가 보다, 과연 그럴지도 모르고, 그래서 내가 있는 것이다, 내 일이 있는 것이고, 하여튼 내가 찰떡같이 알아들으면 된다, 어떤 개떡이 앞에 놓여도, 그렇게 생각하면 그만이다.

그보다도 큰 장탄식이 나오게 만드는 것은 아무리 봐도 한 인간의 문장이 아닌 경우다. 어떤 교수님들의 원고는 아무리 봐도 거기 적힌 이름보다 많은 사람이 쓴 것이 분명하다. 나는 그것을 모를 수 없다. 도대체 교수님 아닌 누가 그 원고들을 썼단 말인가? 그것은 모른다. 대학에 대해 잘 아시는 분들이 아실지도 모른다. 그래도 '사람'들이 썼다면 그나마 다행이다. 번역기의 일차 생산물이라고밖에 볼 수 없는 뭔가를 원고라며 넘기는 교수님들도 있다. 이 학부 교재라는 것은 아예 별거 아니기 때문에 이렇게 하는 걸까? 더 중요한 책은 이렇게 안 하실까? 아니면 이 교수님의 원고는 일괄적으로 다 이런 식인데, 단지 책의 중요도에 따라 교정공의 수준이 달라지는 걸까? 여러모로 봤을 때, 적어도 교재를 쓰는 일에 있어서는, 이 교수님들이 노고에 합당한 보상을 받지 못하고 있는 게 분명하다, 그렇지 않다면 이럴 수는 없는 법이다, 도대체 얼마를 드려야 노고에 합당하다고 여기실지는 잘 모르겠다, 내가 알 수 있는 것은 많지 않다. 좀 기분 나쁘게 들릴지도 모르겠지만 나는 그런 교수님들의 얼굴이 궁금해 꼭 한 번 검색해 본다.(하여튼 스무 교수님들 중 두엇의 얼굴은 꼭 검색해 보게 된다.)

대충 번역기 한번 돌린 것을 원고라며 보내는 등의 일이 있으면, 교수님들끼리 서로 싸우기도 한다. 서로 싸우기라도 하면 차라리 다행이고, 대개는 서로에 대해서든 책에 대해서든 큰 관심도 없다. 아니, 다행인 게 맞나? 교수님들이 책에 세세한 관심을 갖는 편이 좋나? 저마다 나서서 이 교수님은 이렇게 해 주세요, 저 교수님은 저렇게 해 주세요, 이러면 내 일이 두 배 세 배가 될 뿐……. 어쨌든 출간일은 정해져 있다. 내가 교수님들과 싸울 수 있는 것도 아니고 내 상사 또는 원청업체의 편집자가 대신 싸워 주는 것도 아니다. 그런데 잠깐, 원청업체라니?

말 그대로 나는 이 일을, 출판 편집을 대행하는 회사에서 하고 있다. 원청업체인 출판사들로부터 일을 받아서 한다는 이야기다. 교수님들과 연락을 주고받고 어르고 달래고 일정을 조율하는 편집자 역할은 그쪽 편집자와 내 상사가 나눠서 맡는다. 내 상사는 원청업체와 교수님들에게 그때까지는 이래서 저래서 안 된다 하소연한 다음에 우리 사장님한테 깨지는 사람이고, 원청업체 편집자는 이때까지 이거 해 주세요 저거 해 주세요 한 다음에 이것도 제대로 못하느냐고 핀잔주는 사람들이다. 언젠가 하도 화가 나서 찾아본 그 출판사 홈페이지에는 무슨 해외 굴지의 교육 계열 어쩌고의 자회사라 적혀 있던데…… 입맛이 달아나며 더 알고 싶지도 않아졌다. 그러니까 내가 만드는 책의 출판사명 자리에는 원청업체의 이름이 들어가고, 책에 이름이 올라가는 사람은 역자 또는 저자인 교수님들 그리고 원청업체 쪽 편집자다. 나 교정공은 힘써 만든 것에 자기 이름이 들어가지 않는 대부분의 사람들과 같은 처지에 있다. 애당초 몇이나 되겠나? 나는 무슨 신세 한탄을 하려는 게 아니다. 내가 해야 하는 말은 무엇인가?

유리관

쥐털만큼의 관심

얼마 전 인터넷에서, 실험용 쥐 rat을 '랫드'라고 부르는 과학계의 해괴한 표기법에 대한 이야기를 봤다.[1] '랫드'라니 도대체 무슨 일이 일어나고 있는 걸까? 어쩌면 내가, 나조차도 완전히 이해할 수는 없지만, 이 문제에 대해 약간은 말할 수 있을지도 모른다.

직업적으로 이런 일에는 나도 약간의 책임감을 느낀다. '랫드'는 물론 일하다가 종종 마주치는 단어다. 나도 처음 봤을 때는 어이가 없었다. 책의 처음부터 끝까지의 말이 서로 통할 수 있도록, 또한 책의 바깥과 안의 말이 서로 통할 수 있도록, 정해진 규범을 따르거나 규범을 정해 고치는 것이 우리 교정공의 일이다. 기본적으로 '랫드' 같은 게 나오면 표기법에 맞도록 다 고쳐야 맞는다. 하지만 그랬다가는 이거를 왜 맘대로 고쳤

[1] "가장 황당하다고 생각하는 한국의 과학용어 중에 실험용 쥐 rat를 "랫드"라는 해괴한 표기로 쓰는 전통이 있음. 왜 이걸 랫드라고 쓰는지 아무도 모름. 근데 교과서 같은 데도 저렇게 쓴 책 많음. 심지어 국가 법령 같은 데서도 저렇게 씀. 그냥 단체로 이상한 표기인 걸 다 알면서도 그냥 다 같이 틀리는 거임". 곽재식(@JaesikKwak), 2022년 10월 6일, 오후 10:38. Tweet.

느냐고 따지는 교수님이 있을 수 있고, '학술적' 영역이므로 무엇이 표기법에 맞는지부터가 다소 애매한 부분이 있다.(그 누구도 나 대신 싸워 주지 않는다.) 실상을 말하자면 교재 한 권에서 rat 하나를 놓고 그 번역어로 '랫드', '래트', '랫트', '랫', '시궁쥐', '쥐' 등등으로 다 다르게들 쓴다. 아예 rat이라고 그대로 쓰는 사람도 있다. 세계로 뻗어 나가려면 한국어의 족쇄에서 벗어나야 한다는 뜻? 이게 교수님들끼리만 통일을 못 하고 있는 거면 그래도 행복한 경우다. 앞서도 이야기했지만, 한 교수님이 맡았다 하는 한 장 안에서도, 분명히 한 사람이 썼어야 하는 한 문단 안에서도, 심지어는 바로 옆 문장에서도, 나로서는 다르게 쓸 이유를 전혀 찾을 수 없는데 다르게 쓰시는 (자연히 얼굴을 찾아보게 되는) 분들이 적잖다. 즉 대부분의 경우 이 문제에 대해 아예 처음부터 쥐털만큼의 관심들도 없는 것이 아닌가? 그러므로 책 한 권에서 '랫드'로 통일되어 있기라도 하면 그나마 누군가의 노력이 있었음이 분명하다. rat은 '랫드'라고 옮긴다고 하는, 어쨌든 이 책 안에서만은 통하는 약속을 세우려는 누군가의 노력이. 그러므로 나도 교정지에 다음과 같은 메모를 달아 물어봐야 한다.

'rat'의 번역어가 '랫', '랫드', '래트' 등으로 통일되어
있지 않습니다. 어떻게 하는 것이 좋을지요?

만약 전체 감수를 맡아 끌고 가는 교수님이 없다
면, 그 메모를 본 교수님들이 다 같이 모이려 들 수도
있다. 모여서 회의한 끝에 어떤 결과가 나오기까지 우
리는 기다려야 하고, 그 결과가 나오면 그대로 반영해
야 한다. 어쨌든 출간일은 정해져 있고 우리에게 달라
붙어 있는 책은 한 권이 아니다. 시간이 정 부족하면 나
외에 다른 외주 교정자를 구해야 할지도 모른다. 구한
다 해도, 그에게 이렇게 저렇게 해 달라 하는 것은 결국
내 일이다. 해 달라는 대로 그가 한다는 보장이 있는 것
도 아니고.

내가 처음부터 아예 아무것도 묻지 않고 내 멋대
로 고쳐도, 또는 전혀 안 고쳐도 아무도 신경 안 쓴다.
나는 항상 그런 유혹에 시달린다. 어쨌든 그 시점에 교
재 전체를 읽어 본 사람은 나 혼자다. 그럼에도 각자 자
기 생각들이 있으신 여러 교수님들 사이에서, 무슨 교
통정리 비슷한 것이라도 가능한 나이 지긋하신 교수님
으로부터 교정공이 받은 답이 '랫드'라면, 이 구조 속

에서, 그것은 그냥 랫드면 그만인 것이다. 랫드라고요? 왜죠? 이렇게 되물을 사람은 아무도 없다. 예전에는 있었을까? 나는 모른다. 사장님은 그냥 교수들이 해 달라는 대로만 하라고 말한다. 네가 입씨름을 하려고 들지 말고, 교수들이 해 달라는 대로만 해라. 너는 시간만 맞춰라, 너의 업무보고에 따르면 너는 지금 하루에 몇 쪽을 보고 있는데, 어쨌든 네가 하루에 몇 쪽 이상 봐야 우리가 수지타산이 맞고…….

필요들의 분배

자, 사장님은 나를 왼쪽으로 당기고 동료님들은 나를 오른쪽으로 당긴다. 원청업체는 앞에서 나를 당기고 교수님들은 뒤에서 나를 당긴다. 다 그만두고 싶은 마음이 나를 아래로 당긴다. 내가 좋아하고 사랑하는 것들이 나를 위로 당긴다. 나는 내가 보고 있는 교정지를 양쪽으로 동시에 당기고 싶다. 이것이 내가 만들고 있는 책이 당하고 있는 얼차려의 구성이고 가련한 예비-책들이 처한 상황이다. 말 못하는 책들, 그러나 만들어져야만 하는.

내가 교정 보고 있는 원고 외의 모든 것이 내 눈과 손과 마우스 포인터를 당긴다. 나도 당연히 업무시간에 몰래 트위터 합니다! 랫드가 어쩌고 하는 얘기도 그러다 본 것이다. 아니, 어떻게 사람이 쉼 없이 교정만 봅니까? 내가 항상 하고 싶은 말. 당신이 한번 해 보세요, 네가 해 보세요! 눈앞이 깜깜해지도록 아침부터 밤까지 한번 봐 보세요! 그리고 항상 하는 생각. 이래서는 어떤 책임 비슷한 것이 나올 만한 구조가 아니다. 무슨 책임? 최선의 의사소통을 시도할 책임? 나와 교수님 사이에, 책과 학생들 사이에, 말하고 싶은 사람들, 책과 책들, 화면과 화면들 사이에?

왜 이렇게 되었는지 말해 보라 하면 아마 다들 저마다의 이유가 있을 것이다. 사장님에게는 사장님의 이유가, 편집자에게는 편집자의 이유가, 교수님에게는 교수님의 이유가, 교정공에게는 교정공의 이유가, 없을 리 없다. 어떤 분들은 한마디도 더하실 필요가 없는 분들이신지도 모르지만, 한 말씀에 필요한 값이 다른 분들이신지도 모르지만, 학문에 열심이시라 언문의 필요를 등한시하시는 분들이신지 아니면 그 반대이신지, 그런 것 잘 모르겠지만, 어쩌면 바로 그런 필요들의 분배에 뭔가 문제가 생겼다는 것이 문제일지도 모른다. 이렇게 된 데에 누구를 탓할까? 다 나의 탓이다! 내가 그 분배들에 개입하지 않았기 때문이다! 내가 나인 한 이 오류들은 바로잡히기 어렵다. 그러면 더 나은 내가 되는 것이 답일까? 내가 더 수준 높은 교정공이 되는 것이? 아니면 교정공보다 나은 것이 되는 것이? 나 교정공의 눈에, 여기에서 분명하게 틀린 것은 우리가 우리 되기에 실패하고 있는 이 사태다. 책은 다름 아닌 우리가 만드는 것이기 때문이다. 교정공처럼 말하자면, '모양이 어색하다'. 사랑하는 교수님들, 내가 우리라고 불러도 되겠습니까? 내가 부르면 그렇게 됩니까? 내가 분배될 수만 있다면 나는 사라져도 좋다.

이제 내가 하고 싶은 말은 거의 다 한 것 같다. 이 이야기를 하게 되었다는 데 아직도 어안이 벙벙하다. 내가 맞게 했나? 내가 내게 주어진 지면에, 일생에 있을까 말까 한 기회에, 필요한 말을, 해야만 하는 말을 적절히 늘어놓은 게 맞나? 더 이상 말할 필요가 없을 정도로 말한 게 맞나? 내가 매일 보고 있는 어떤 원고들과도 같이, 헛되이 글자로 똥칠을 해 버린 건 아닌가? 아니, 지면이 굳이 나에게 필요한가?

아 다르고 어 다른 세상에서, 나 교정공이란 이를 테면 사라지고 있음이 분명하다. 교정공이 개입할 수 있는 지면은 오늘날 점점 좁아지고 있다. 또는 교정공이 개입할 수 없는 지면이 점점 넓어지고 있다. 아와 어의 다름도 점차 사라지는 듯, 아와 어가 다르지 않다고 우기는 사람들과 어와 어가 다르다고 우기는 사람들 사이의 다름도 사라지는 중인 것만 같다. 가끔 우리가 견딜 수 없이 산산조각이 났다는 생각이 든다. 합쳐졌던 적이라고는 처음부터 없었고 앞으로도 없을 것만 같으니 이상한 생각이다. 대체 어떻게 감히 우리를 우리라고 부를 수 있겠니? 말하는 얼굴들을 보면 그야말로 박살이 나 있다. 전에도 이랬던가? 이러지 않았던가? 우리 산산조각의 양상이 과연 바뀌는 것이라면, 산산조각을 대하는 우리의 양상도 분명 바뀌는 것이겠다. 내가 지금 맞게 대하고 있나?

글자들은 자신들이 어떤 상황에 처했는지를 아는지 모르는지, 박살 난 우리 사이에 쌓이고 녹고 쌓이기를 반복하며, 서로 합쳐지려고 이어지려고 이를 악문다. 아무리 들여다봐도 틀림없이 그렇다.

참고 문헌(발표순)

난다 「학력무관의 세계를 향하여」

김동춘, 『시험능력주의』(창비, 2022).

이경숙, 『시험국민의 탄생』(푸른역사, 2017).

남지원, 「"대학 밖에서 손을 잡자" 대학 안 가는 청소년들이 맞는 수능」,
　　《경향신문》, 2022년 11월 11일.

이유진, 「학력 차별은 합리적? '차별금지법'에서 '학력' 빼자는 교육부」,
　　《한겨레》, 2021년 6월 27일.

김종은 「익명을 설득하는 학생 자치」

원혜빈, 「1980년대 '여학생'의 문화정치」, 《여성문학연구》
　　제48호(한국여성문학학회, 2019).

김주형, 「시민정치와 민주주의」, 《한국정치학회보》 제50집
　　제5호(한국정치학회, 2016).

유니브페미, 「캠퍼스 혐오 표현 새로고침 가이드」(2020).

최민지, 「포항공대에서도 '반페미니즘' 극성」, 《경향신문》, 2021년 4월
　　28일.

신하영 「혼란스러운 강의실 만들기」

김신일·강대중, 『교육사회학』(제6판)(교육과학사, 2022).

탁선미 외, 장춘익교육실천연구회 엮음, 『삶을 바꾼 페미니즘
　　강의실』(2022, 곰출판).

젠더교육연구소 이제, 『페미니즘 교육은 가능한가』(교육공동체벗,
　　2021).

벨 훅스, 윤은진 옮김, 『벨 훅스, 경계 넘기를 가르치기』(모티브북,
　　2008).

김민정, 「'페미니즘 리부트' 이후 대학 내 '성(性)' 강의 지형 탐색」,
　　《한국여성철학》 제33권(2020).

김지경·정연순·이계백, 「20대 청년, 후기청소년정책 중장기 발전전략
　　연구」(한국청소년정책연구원, 2015).

손희정, 「페미니즘 리부트」, 《문화과학》 제83호(2015).

김성희, 「침묵하는 학습자를 돕기 위한 교수법 모색」, 《교양교육연구》
　　제7권 제4호(2013).

조혜영, 「후기 청소년 세대 생활·의식 실태조사 및 정책과제
　　연구」(국무조정실, 2012).

이나영, 「한국 '여성학'의 위치성」, 《한국여성학》 제27권 제4호(2011).

우재형 「노동문제 동아리 활동기」

칼 포퍼, 이한구 옮김, 『열린사회와 그 적들 1』(민음사, 2006).

칼 포퍼, 이한구 옮김, 『추측과 논박 2』(민음사, 2001).

「세계인권선언」(1948).

홍수민, 「서울대 청소노동자 사망 산재 인정… "고강도 업무가 원인"」,
　　《중앙일보》, 2021년 12월 27일.

최은서, 「"건물명 영어로 써 봐" 숨진 서울대 청소 노동자가 당한 직장
　　갑질」, 《한국일보》, 2021년 7월 7일.

'중간착취의 지옥도' 기획 취재, 《한국일보》, https://
　　www.hankookilbo.com/Collect/ 2244?Page=1

Amartya Sen, "Elements of a Theory of Human Rights,"
　　Philosophy and Public Affairs 32(2004).

신현아 「대학이 해방구가 될 때」
배성민, 『현장의 힘』(빨간소금, 2022).
마쓰모토 하지메, 김경원 옮김, 『가난뱅이의 역습』(이루, 2009).
안은복, 「지방대 벚꽃 피는 순서대로 망한다」, 《강원도민일보》, 2022년
　　5월 11일.
이유진, 「'벚꽃 엔딩' 현실로? 지방대 수입 5년간 4.3% 줄었다」,
　　《한겨레》, 2021년 10월 18일.

유상운 「탐구는 어디에서 일어나는가」
이만영, 『내가 가는 방향이 곧 길이다』(휴먼큐브, 2013).
고윤석, 『서울대학교 물리학과(부)의 발자취』(서울대학교 물리학부,
　　2003).
유상운·조동원, 「무전기에서 라디오로: 전자 기술 문화와 반도체 산업
　　발단의 착종사」, 《한국과학사학회지》 제43권 제3호(2021).
유상운, 「국가연구개발사업 속의 "연구중심대학"」, 《과학기술학연구》
　　제21권 제1호(2021).
유상운, 「국가연구개발사업의 군사적 기원」, 《한국과학사학회지》
　　제42권 제1호(2020).
강기천·최형섭, 「공업 없는 공학」, 《사회와역사》 제119집(2018).
김학수, 「한국의 물리학자 (6) 결정 성장의 대부 이범삼」, 《물리학과
　　첨단기술》 제9권 제6호(2000).

소진형 「'실용적인 학문'의 성립 사정」
서창치·우가이 테츠죠우 엮음, 안경덕·이주해 옮김, 『파사집: 17세기
　　중국인의 기독교 비판』(일조각, 2018).
하빈 신후담, 김선희 옮김, 『하빈 신후담의 돈와서학변』(사람의무늬,

2014).

양광선·이류사·남회인, 안경덕·김상근·하경심 옮김, 『부득이: 17세기
   중국의 반기독교 논쟁』(일조각, 2013).

노관범, 「대한제국기 실학 개념의 역사적 이해」, 《한국실학연구》
   제25호(2013).

염정삼, 「명대 말기 중국의 서양 학문 수용: 서학범과 명리탐의 소개를
   중심으로」, 《중국학보》 제63호(2011).

「광학교(廣學校)」, 《한성주보》, 1886년 1월 25일.

「구주학교(歐洲學敎)」, 《한성주보》, 1887년 1월 24일.

「영국학도근황(英國學徒近況)」, 《한성순보》, 1884년 3월 19일.

「이태리가 날로 盛해지다」, 《한성순보》, 1884년 3월 27일

「칙령제이십팔호(勅令第二十八號)」, 《황성신문》, 1899년 6월 30일.

「칙령제삼십일호(勅令第三十一號)」, 《황성신문》, 1900년 9월 7일.

「칙령(勅令)」, 《황성신문》, 1904년 6월 13일.

「태서각국소학교(泰西各國小學校)」, 《한성순보》, 1884년 3월 19일.

황민호 「졸업하기 싫은 학교」

이규원·이미나, 『솔루션 저널리즘』(커뮤니케이션북스, 2021).

황민호, 「[지역이 중앙에게] 터무니 있는 교육을 생각한다」, 《한겨레》,
   2017년 10월 25일.

김상수, 「100개의 학(學)을 일으켜라. 살아있는 지역학」, 《프레시안》,
   2008년 8월 28일.

이용원, 「까막눈 김귀남 할머니의 한글 배우기」, 《옥천신문》, 2003년
   2월 7일.

김호기, 「하버마스, 생활세계의 식민화에 저항하는 신사회운동」,
   《월간참여사회》, 2000년 4월 1일.

현수진 「대학 안팎에서의 역사학」

마르틴 뤼케·아름가르트 췬도르프, 정용숙 옮김, 『공공역사란

무엇인가』(푸른역사, 2020).

제롬 드 그루트, 이윤정 옮김, 『역사를 소비하다: 역사와
　　대중문화』(한울아카데미, 2014).

이하나, 「공공역사 논의의 한국적 맥락과 공공역사가들」, 《역사비평》
　　제136호(2021).

손석영, 「'공공역사'에 기초한 학교 역사교육으로의 변화 가능성 탐색」,
　　《역사와교육》 제33호(2021).

김정인, 「역사소비시대, 대중역사에서 시민역사로」, 《역사학보》
　　제241호(2019).

김재원, 「소셜 미디어(Social Media)에서의 한국사 콘텐츠 생산과
　　판매」, 《한국사연구》 제183권(2018).

임지현, 「권력의 역사학에서 시민의 역사학으로」, 《역사비평》
　　제46호(1999).

『고려사절요』 권22, 충렬왕 24년 4월.

만인만색 역사공작단 팟캐스트, https://podbbang.page.link/9vn
　　283ReZeQmRBYu8

Sayer, Faye, *Public History: A Practical Guide*(2nd Edition)
　　(Bloomsbury, 2019).

지난 호 목록